# 三島由紀夫 豊饒の海

## 三島由紀夫研究 ⑲

〔責任編集〕
松本　徹
佐藤秀明
井上隆史
山中剛史

鼎書房

三島由紀夫研究⑲

目次

**特集　豊饒の海**

特集　豊饒の海

# 「豊饒の海」構想の基本

松本　徹

## ＊世界の底を踏み抜いて

『豊饒の海』のなかでも第一巻『春の雪』について、筆者はこれまで正面切って問題にしてこなかったのではないか、と思う。なにしろ生涯の最後において企てた、最大の大作の始まりに当たるから、作者自身、その意図するところを十分に語りもすれば、作品としてもよく実現していて、改めて問題ににする必要はないと思っていたのである。

しかし、改めて読み返して、この大作がひどく独特な性格を持つ、徹底した野心作であると、今更ながら思い至るとともに、その点をいまだにしっかり受け止めていないと、反省せずにおれなかった。なにしろ通常の小説とは、基本的に異質なのである。本来、小説が拠って立つのは、われわれが現に生きている次元と同じはずである。如何に奇想天外な工夫を凝らしたところで、この点は変わらない。勿論、小説は言語ばかりで構成され、事実そのままを忠実に写したとしても、不可避的に虚構を構え、小説世界という独自な世界を出現させることになるのだが、そのような段階に留まらず、作品世界の基本的在り方自体が、決定的に異なっている。「存在の文法」といまは仮に言っておくが、それが異なつているのである。

唯識論による輪廻転生思想に依拠するとは、なによりもこういうことだったのである。

ただし、唯識論と言い、輪廻転生と言っても、われわれには何かひどく縁遠く、挨拶にも困るというのが正直なところかもしれない。なにしろ恐ろしく根本的、本質的であり、それだけ理念的で、繰り返して言うが、この世界なりわれわれ自身の存在の捉え方自体が、異質なのである。われわれが普通に存在していると思つているすべて、われわれが現に生きているこの世界も、われわれ自身にしても、すべてが実体を持たず、識に現象しているに過ぎない、とするのである。

手許にある『仏教辞典』（岩波書店刊）で「唯識」を見ると、

「あらゆる存在はただ識、すなわち心にすぎないとする見解」とあり、いわゆる唯心論ではない。「心の存在もまた幻のごとき、夢のごとき存在であり、究極的にはその存在も否定される」とある。

こうした説明をもってして、納得できるという人はあまりいないのではないか。なにしろわれわれが現に生きているこの世界は、とにかく存在しているとの前提のもとに成立しているはずだからである。そして、実体ある客観的対象を客観的に扱っているはずの科学・技術が今やおそろしく発達、その成果がわれわれ社会の基本的骨組みのおおよそをなし、現に動かしているではないか。ところがそれらすべては識に現象しているにすぎず、実体はなく、本来は空であるとするのである。

そうだとすれば、この世界は底が抜けている、ということになろう。

われわれの常識、実感を横に措けば、実は遠い昔から、われわれは徹底して内実のぎっしり詰まった実体存在を想定する一方、その対極として、完全な無、空を想定しても来ているようである。

例えばユダヤ教、キリスト教、イスラム教などの唯一神教は、完全にして究極的な実体存在として、絶対神を据える。そして、その絶対神によってこの世界は創造され、成立していて、われわれ人間は、そのなかでも選ばれた被創造物として存在しているとする。それに対して仏教は、究極的に空を措き、この世界なり存在しているすべては、われわれの識が空に現出させているとする。

この絶対的有と絶対的空（無）との間にあって、人間の思考はさまざまなふうに展開して来ているようである。もっともわれわれの日本文明は、この二項対立の間に、生成、萌え出るという在り方――無から有への働きを置くと見ることができる。ただし、いまはこの第三の在り方は問題にしない。

この絶対有なり絶対空に実際に近づくことは、生身の人間には恐ろしく難しい。苛烈な精神の持主の宗教者にして初めて行い得ることだろう。われわれ一般の者は、そのいずれにも中途半端な状態で、生きている。何程か「有」に与かりながら、普段に喪失の波、虚無の波に洗われて、その場その場を過ごしている。

そして、われわれの今日の時代だが、大雑把に言って、キリスト教的世界観が主潮をなしているものの、その末期も末期、ヨーロッパ近代の終局的な段階にあると考えてよいのではないか。

もっともその流れに反撥する勢力（アメリカのプロテスタントの一派など）がなおもあって、状況は単純でないが、キリスト教やイスラム教圏外の、絶対神なるものを認めない文化圏の人たち、われわれ日本人などは、キリスト教が設定した存在の客観的基準に依拠して発達した科学技術の恩恵に大きく与かりながら、絶対神にはますます無関心となっており、それでいながら、究極的な空を認めるわけでもない。それに拘らず、ヨーロッパ近代が大きく成長させた科学技術のさらなる発展と、それによる生活水準の向上を夢見つづけてゐる、といったところだろう。

そのようなところにあって、われわれはどこへ行こうとしているのだろうか。この世界が宇宙の闇へ消え去る日まで、こうした日々を持続しつづけようとしているのかもしれない。

こうした状況にあって、三島は絶対的空なりそれに限りなく近いところに立つ思想を踏まえて、この小説を差し出したのである。

ただし、小説とは、基本的に近代のものである。絶対神の存在はカッコに入れながら、この世は間違いなく存在しているとして、人それぞれの生きざまなり、その人と人の係り様を写しとるのを基本としている。

それに対して、すべてはわれわれの識に映し出された、実体のない、影のようなものだとするのである。空のただ中に、今の一時、識にたまたま現出している己をもって、たまたま出現しているこの世界の中に生きていると、捉える。

これは一見、恐るべき虚無主義と思われるだろう。しかし、そう決め付けるのは待つてもらわなくてはならない。

すべてが識に現象する実体のない影のようなものだとすることは、言い替えれば、この世界に存在すると思われるものも自分自身も、すべて基本的には存在の枠組みのなかに囚われていないとすることであろう。われわれが不断に鼻を突き合わせてる時間、空間の枠組みから自由だとすることであろう。

そこにおいては、輪廻転生といったことも起こることになる。実体のある存在に占められた世界においては、そうしたことは起こり得ない。キリスト教社会、ヨーロッパの近代社会では決して起こらない。その存在専一の状況は、われわれを容易に安心させるかもしれないが、その一方、存在本来の在り方なり、われわれの生の意味を狭く限定し、見失わせるのではないか。個々の枠組みに厳しく限定され、閉じ込められ、じつは生命本来の働きを厳しく制限、抑制、貧しくされているのではないか。そういうふうにも考えられるのではあるまいか。

それに対して、識を第一に押し出すことは、客観的実在としての面を希薄にするかもしれないが、主体の働きを正面切って押し出し、主体性を保持し、発揮させることになるのではないか。われわれの生にとっては、客観的実在性よりも豊かな主観性が肝要なのではないか。

いずれにしろ三島は、近代小説の基本文法を退けて、恐ろしく大胆な態度に出たのである。

それはまた、三島自身が長らく引きずって来た、自らの存在感の希薄さを、根本的に解消するばかりか、逆に活用することになったと言ってよいように思われる。

ただし、三島はあくまで小説を書くのを主眼としたから、その営為は基本的にアイロニカルな性格を持つことにもなった。

## ＊生の自由・主体的な展開

「豊饒の海」の連作は夢によって運ばれる平安朝の『浜松中納言物語』に依拠したと、三島はいろんなところで言っているが、それはいま、上に言ったことに繋がる。すなわち、実有の枠に囚われず、より主体的に、より自由に作品世界を展開し、自らが表現したい、あるいは表現すべきと考えるものを、端的に表現しようとするのである。

その夢は、フロイトが言うところのものとは全く違う。フロイトのそれは存在の枠組みの中に押し込められ、歪んだ末に、眠りのなかに発現したところのものである。だから精神分析学は文化的営為以前の「個々人の心の雑多なごみ捨て場の底に」手を突込む所業（「日本文学小史」）となる。

こうしたところから解き放たれ、すぐれて主体的自由な次元を開き、夢なら夢を存分に追い、長い長い小説を書こうとするのだが、それに際して採るべきは、近代小説の大半が採って来た「年代記的な記述」であってはならないとする。そうして模索した末、「どこかで時間がジャンプし、個別の時間が個別の物語を形づくり、しかも全体が大きな円環をなす」ようなものを考え、輪廻に思い至ったと、「『豊饒の海』について」（毎日新聞夕刊、昭和44年2月26日）で、三島は語っている。

この作中に流れる時間についての発言は、小説の叙述法について語っているかのようでありながら、それに留まるものでは全くない。実有専一の世界、ことにキリスト教の世界においては、時間は先へ進むばかりで、行き着くのは最後の審判が下される、最後の時であり、近代小説なるものも基本的にはそうなのである。その結果、言ってみれば無、空を、時間の彼方へと押し出して、済ますのである。それに対して三島は、こうした時間意識、世界意識とは異質な考え方を差し出すのである。すなわち、無、空を、われわれの時間・空間のなか、小説の中に、引き入れるのである。過去と未来も、これまでと違った生々しさをもって招き入れる工夫をこらすのである。

そこにおいて世界は、これまでと異なった様相、より多面的奥行きを持って現われるようになるのだ。

ただし、ここで三島の言ふ輪廻転生が、やや独特であることに注意しておかなくてはなるまい。われわれ日本人は、古くから輪廻転生思想に馴染んで来ているが、もっぱら仏教の浄土思想にもとづく、六道輪廻であった。生あるものは、死んでも解脱しない限り、地獄、餓鬼、畜生、修羅、人、天、その六道のいづれかを、所業に応じては果てしなく輪廻し、苦を受けつづけなくてはならない、とする。その点で基本的には生を苦とし、そこに閻魔や脱衣婆や赤鬼青鬼が活躍すれば、地蔵、観音、阿弥陀仏が現われる。

　この思想には、祖母あたりに寺に連れて行かれ、馴染むというのが、昭和半ばまでの一般的な在りようであった。筆者自身にしてもそうである。ところが三島は、大変なおばあさん子でありながら、違った。それというのも三島の祖母夏子は水戸支藩宍戸藩の藩主の血を引く人であったから、仏教を排除する姿勢を受け継ぎ、少なくとも孫を六道思想に馴染ませることはしなかったと思われるのだ。

　だからであろう、十六歳の作品『花ざかりの森』を初め、敗戦間もなくの頃までの作品には、「前世《さきしやう》」とか「後生《ごしょう》」などといった輪廻を前提とした言葉が盛んに出て来るのだが、不思議に苦を受けるという文脈とは無縁で、逆に喜ばしさ、懐かしさといった心情が伺われるのである。

　すなわち、古来の六道思想と無関係に、三島は輪廻なるものを知ったと思われるのだが、そのあたりの経緯は、敗戦直後の三島のエッセイ「川端氏の『抒情歌』について」（民生新聞、昭和年21年4月29日）などから察せられる。その『抒情歌』（昭和7年2月号、単行本化は13年11月）では、語り手の女がこう言う、「転生をくりかへしてゆかねばならぬ魂はまだ迷へる哀れな魂なのでありませうけれど、輪廻転生の教へほど豊かな夢を織りこんだおとぎばなしはこの世にないと私には思はれます。人間がつくつた一番美しい愛の抒情詩だと思はれます」。

　作者の川端は、誕生して間もなく両親を失ひ、育ててくれた祖父も十五歳の時に失っていて、こういう認識に至ったのかもしれない。ただし、三島には、そういう経緯はなく、十四、五歳でこの作品を読み、書かれている字義どおりに受け止めたのではないかと思われる。

　東文彦宛昭和十八年二月十五日付書簡で、東の作品に感銘を受けたと言い、堀辰雄の指導を受けている成果だとし、それは「得がたい知遇――なにか仏教の輪廻をおもはすやうな邂逅」だと書いている。

　それに加えて、やがてニーチェを知り、戦局が著しく厳しさを増す最中では、『ツアラトウストラ』を愛読（昭和十六年夏頃に川路柳虹にすすめられたが、「おくくふ」で読まず、昭和十八年になって正月から登張竹風訳で本格的に読み出したことが、東文彦宛書簡でわかる）、その影響下に『夜の車』（後に『中世に於ける一殺人常習者の遺せる哲学的日記の抜粋』と改題、文芸文化19年8月）などを書いたりしたが、引き続いて書いた詩やエッセイでは、「輪廻への愛」なる言葉を繰り返し書き込んでいる。また、小説『中世』では、「輪廻は健やか」といった表現が見られる（詳しくは拙著『三島由紀夫の思想』鼎書房刊所収「輪廻転生―豊饒の次元」参照）。

　こうした輪廻の受け取り方が、ニーチェの構想した永劫回帰、輪廻とどう係るか、よくは分からないが、三島自身は文字通り、今日明日にも実際に死ぬと覚悟しなければならない状況下にあって、かろうじて自らの生の未来を考え得る唯一の形態が、輪廻転生であったと思われるのだ。死を不可避と強く確信するとともに、転生という形で、かろうじて生きることができるかもしれない、と考えたのだ。そして、輪廻の健やかさ、「輪廻への愛」を筆にした。

すなわち、迷いながら生きて苦を受けるのではなく、生に望みを繋ぐ唯一の在り方が輪廻転生であったのである。死が免れない状況において、なおも辛うじて掴むことが出来て、輝かしい生の滴りを受け止めることができるかもしれない、はかない道筋だったのである。

そうしたところにおいて、輪廻転生は「夢を織り込んだおとぎばなし」「抒情詩」であるという川端の言葉が、強く響いて来たのは疑いない。市ヶ谷のバルコニーに立つのに、「七生報国」と墨書きした鉢巻を締めたことにも繋がるだろう。

もっともこういう輪廻転生観は、敗戦によって一旦は消えた。が、記憶には残った。さうして自らの総決算としての大作を構想、近代小説の枠を超え出ることを考え始めるとともに、浮かび上がって来たのであろう。

そこに至るまでには、例えば森鷗外の存在があったかもしれない。鷗外は明治三十三年（一九〇〇）、小倉に赴任中、安国寺の僧から唯識論を学んでおり、戯曲『生田川』（明治43年〈一九一〇〉4月、中央公論）を書いたが、そこには、その基本文献とされる世親の「唯識三十頌」の一節が書き込まれている。二人の男に求愛され、進退窮まった菟原処女《うなひ》が入水すべく家を出ていく幕切れで、門前に立った僧が長々と唱えるのである。この後、鷗外が「かのやうにの哲学」を言い出し、史伝ものに筆を染めるようになるのと無縁ではないと思われる。

三島は昭和二十七年（一九五二）にギリシアから帰国後、鷗外を熱心に読み、その文体に倣おうとしたから、当然、この戯曲を読んだであらう。そして、『金閣寺』執筆に当たっては、禅思想をよく知るために、唯識論を学んだとも思われるのだ。

その唯識論だが、人間の眼、耳、鼻、舌、身の五識（五感）に、意（意識）を加へた六識に、潜在意識に当る末那識、さらに個我の根底にあつて、それを大きく越えた、宇宙的と言ってもよさそうな八番目の識、阿頼耶識を設定する。この阿頼耶識に、七つの識が現出させ、繰り広げたところの生の営みのエッセンスが「種子」として蔵され、次の世代へと引き継がれるとする。それが輪廻転生なのである。

このあたり、恐ろしく複雑な論理が凝らされ、「薫習《くんじゅう》」などと言った特異な語も用いられ、筆者などには立ち入るのが難しいが、仏教の基本である無常、因果、唯識の思想が恐ろしく徹底されるとともに、逆に生きる者の主体的心情が掬い採られ、実有の次元では成立し得ない輪廻転生が起こるとされるのである。

その輪廻転生にあっては、すでに指摘したやうに実有の枠を外れ、生なるものが主体化され、精練、純粋化され、今の一瞬において、自由奔放に展開されるのである。三島が『豊饒の海』第三巻『暁の寺』で繰り返し言及したのは、その「唯識三十頌」の一節「恒転如暴流」(恒に転ずること暴流のごとし)であった。

『豊饒の海』四巻は、こうして構想されたと考えられる。

## ＊抑えられない十代の感情……

三島が自決する一週間前、古林尚と自宅で行つた対談『戦後派作家は語る』(筑摩書房刊)の冒頭で、笑いながらこう言っている。「……つまり年とともにお里が知れてきた。十代に受けた精神的な影響、いちばん感じやすい時期の感情教育がしだいに芽を吹いてきて、いまじゃあ、もう、とにかく押さえようがなくなっちゃったんです」。

その先でこうも言う、「……どうしても自分の中には理性で統御できないものがある、と認めざるを得なくなった。つまり一度は否定したロマンティシズムをふたたび復興せざるを得なくなった。(中略)すると、十代にいっちゃうのです。十代にいっちゃうと、いろんなものが、パンドラの箱みたいに、ワーッと出てくるんです」。

十代でも、つまるところ十六歳から満二十歳にかけて、自分の裡から溢れ出して来たロマンティシズム——それは直接的には戦時下、普段に死を覚悟しなければならない状況下にあって、十分に展開できず、続いてやって来た敗戦による圧倒的な事態によって、抑え込まなければならず、必死になってそう努めたところの己が内の心情であろう。ディオニュソス的なもの(三島自身、そう呼んだはずである)とも言ってよいかもしれない。それが晩年に至って、あらゆる制約を跳ね除けて、溢れ出んばかりになった、といっているのである。

こういうことが、存在の底が抜けることによって、三島に起こったと思われる。

そうして表現すべく最初に採り上げたのが、恋情であった。恋情はごくごく私的な、公ならざる、優れて主体的な、一個人を一時的に捉へ、いつ消滅してもおかしくない、定かならざるものである。それでいながら、絶対的領域に達することがある……。

そうして第一巻『春の雪』を書いたのだが、明治から大正の初めにかけて貴族社会に生きた若者、松枝清顕を主人公とした。その彼は、「方向もなければ帰結もない『感情』のためだけに生きる」(二節)と密かに決意している。この「『感情』のためだけ」というところに留意すべきだろう。ここで作者は、一人の若者なり、当時の貴族社会を立体的に、リアルに描き出すことを意図したわけではない。あくまでもその

「感情」が雅びやかに、純粋一途に育ち、烈しく燃焼し尽くすさまを、描き出すのを眼目としたのだ。だから、聡子と親王殿下の結婚に対して、天皇の勅許が降り、当時のわが国にあっては絶対に許されない恋となったところで、初めて燃え上がり、究極まで突き詰め、燃焼し尽くすところまで行く。

聡子にしても、人目を盗んでの鎌倉での逢瀬の最中、こう言う、「清様と私は怖ろしい罪を犯してをりますのに、罪のけがれが少しも感じられず、身が浄まるやうな思ひがするだけ。（中略）刹那刹那が澄み渡つて、ひとつも後悔がないのでございますわ」。

このように実有の次元ではなく、空へと差し掛けられ、限りなく自由になったところで、恋情が燃焼し尽くすさまが描き出されるのである。先に触れた清顕が不思議に心を引かれた日露戦争での「得利寺付近の戦死者の弔祭」の写真が巻頭に出て来るのも、このことと係わる。一途な烈しい思いをもって死へ至った、また、至る者たちへの共感が踏まえられているのである。一般の生者のものではない。そしてその終りは、早々に来る。聡子は妊娠、堕胎した末、髪を下ろし、清顕は、二十歳になるのを前に、死なねばならない。

しかし、この清顕の恋情は凝って「種子」となり、個の存在の枠を越え、恋情の枠も越え、世代を越えて、次の世代の別の存在へと譲渡され、新たな純粋、苛烈な生が始まる。第二巻『奔馬』がそうである。

主人公は、松枝家の書生の息子、飯沼勲で、自ら信ずる正義の顕現のため、至純と信ずる行動を模索、神風連の思想を奉じ、最後には単独行動に出て、財界の巨頭を刺殺、十九歳で自決する。

その思いが凝って、第三巻はタイの王女ジン・ジャンへと転生する。

この第三巻は一部と二部に分かれ、第一部は、清顕の親友であった本多が、弁護士として有力商社の招きを受け、タイを訪れ、動の転生と自称する幼い王女ジン・ジャンを訪ねるとともに、仏跡を訪ねて唯識論の転生思想に思いを凝らす。その最後、昭和二十年夏の焼跡が出て来るが、これは要の場面だろう。三島自身にとっても、生涯において要そのものと言うべき時期である。

二部になると、成長したジン・ジャンが留学生となって日本にやって来る。ただし、自らの前世を忘れ、いたづらに官能的な美女となっていて、本多を惑わす展開になる。こうなって、三島の当初の構想とは大幅に狂ったと思われる。なにしろ当初は、創作ノートによると、本多は惑うのではなく、救済へと向ふはずであった。すなはち、この人生にあってあらまほしき結晶とでもいうべきものの連鎖を、三島は目指していたと考えられる。まず、恋情の燃焼、次いで至純な行動の実践、そして、官能的な美の顕現に与かり、この生においてで掬い取るべきものを掬い採り、輝かしい連鎖とするはずだったのである。それは十代のロマンティシズムが希求したものの結晶体とでもいうべきものの連鎖である。

しかし、魅惑的な美女を中心に据えたことが、狂いを生じさせた。モデルを求めて、得られなかったことも、関係したかもしれないが、本多は烈しく惹きつけられるとともに、繰り返し退けられ、深く迷うことになった。なにしろ中年に達して、生の迷妄を解消すべく、唯識と輪廻思想の究明に心を傾けるようになっていたから、その迷いは、却って深まる。加えて第二巻では、行動に没入しようとする若者を描くのにひどく都合のよい位置に作者の三島は立った（上記拙著所収「肉体と行動」参照）のだが、第三巻になると、逆に恐ろしく不都合な状況となった。その状況は、改まるどころか、より厳しい事態へと突き進み、三島は一段と苦しみ、一時は作品を書く筆を棄てる覚悟を固める状況にもなったが、その状況は不意に遠ざかった（上記拙著所収「『文化防衛論』と『暁の寺』」参照）。

このように状況に翻弄されながらも、作者としては真正面から立ち向かい、書き続けた。それというのもこの世界の存在の底を踏み抜き、恐るべき自由を手にして、生の精華あるいは結晶の連鎖を企てていたのである。三巻半ばで終らせることはできない。

現に三島は、全四巻を完成させてからの刊行を予定していたが、とりあえず第一巻と第二巻の刊行を思いたち、昭和四十三年春には装丁を村上芳正と相談、秋にはまとめている。箱の装丁は全四巻共通で、題名ばかりが異なる。題名と作者名を横に、下に四種の動物を描いた童画ふうの絵がそれぞれ輪に囲まれて二段に並んでいるのだが、右上が鹿、左上が雉、右下が象、左下が蛇である鹿は奈良の象徴で第一巻「春の雪」を示し、雉は日本の国鳥とされているところから第二巻「奔馬」、象はインドの象徴で第三巻「暁の寺」、蛇は輪廻の象徴で第四巻を示す。こうして全巻の一体性を視覚的にも強調しており（犬塚潔『三島由紀夫「豊饒の海」の装丁の秘密』私家版による）、三島の意図は明らかである。なお、この装丁による一、二巻の刊行は、川端康成のノーベル賞受賞で昭和四十四年一月に延期された。

しかし、いま言った第三巻の狂いと、現実に身を置く状況との齟齬はさらに深刻になるばかりか、自決の予定時期を決める事態となり、当初考えていた第四巻執筆の時間が十分に確保できなくなった。そこで構想を大幅に練り直した（上記拙著所収「究極の小説『天人五衰』」参照）のだが、その巻は、主人公透が望遠鏡の彼方に、インド神話の宇宙創造の情景を見てゐるところから、始まる。

その透が従事するのは、清水港に出入りする船舶の調整を行うため、見張り、連絡する業務である。こうした業務に従事する若者の存在を、早く『潮騒』の取材で訪れた伊勢湾の神島で知り（山下悦夫「手紙に見る三島由紀夫と私の家族」三島由紀夫研究18号)、戯曲『船の挨拶』で使っていたが、この巻の主人公としてまことに打ってつけである。常に見る立場にあって、世界の極まりまで見届けようとするのだ。この着想によって、構想は早々になり、書き出すことが出来たと思われる。

もっともその極まりへとこの若者は踏み込まず、自殺を企て盲目となり、「知」と無縁な女と結婚、妊娠させ、無明の生の始まりに立ち戻る。代わって証言者に終始して来た本多が、老年の果て、すでに明智を得た聡子と会うべく月修寺を訪ねる。

## ＊小説の文体ではなく

話が第四巻まで行ってしまったが、『金閣寺』を書き終え、いわゆる「自己改造」の企ても成し遂げた後、如何なる小説を如何に書くか、といふ問題に突き当っていたことに、いま少し触れておきたい。『鏡子の家』(昭和34年7月刊)は、それへの解答のつもりであったと思われる。なにしろ現代社会と向き合い、ニューヨークも取り込み、多面的立体的に、かつ、個々の人物の内面にも踏み込んで描いたのである。

しかし、多くの読者や批評家たちは、そうは受け止めなかった。筆者自身にしても落胆したのを覚えている。それが納得できないまま、三島はさまざまな試みをした。昭和三十五年(一九六〇)になると、映画「からっ風野郎」に主演、文学座公演「サロメ」を演出、政界に取材した『宴のあと』を書くとともに、二・二六事件をからめて青年将校夫妻の自決を正面から扱った短篇『憂国』(36年1月)を執筆、さらに『美しい星』(37年10月)、『午後の曳航』(38年9月)、『剣』(38年10月)、『絹と明察』(39年10月)などと精力的に書き継いだ。そのいずれも水準を越える秀作であり、評価も得たが、決定打とはならなかつた。三島自身にしても、納得できる作品とはならなかつたのだ。

そこで、これまでと決定的に違う小説をとの思いが高まって、その準備に取り掛かったのだが、その傍ら書き継いでいた自らの作品について、言ひ知れぬ違和感を覚えるようになっていた。短篇集『三熊野詣』(40年7月刊)に収めた作品について、三島自身このように言っている。これらは「今まで全作品のうちで、もつとも頽廃的なもの」で「疲労と、無力感と、酸え腐れた心情のデカダンスと、そのすべてを」込めた、と。

こうした思いに抗して構想したのが、すでに述べたように、近代小説と決定的に異質で、いわゆるリアリズム小説でも幻想小説でもなく、この世界自体の底を踏み抜いたところに展開される小説であった。年代的記述でなく、時間がジャンプし、夢が大きな要素ともなる小説である。

それに加えて、あの十代において溢れんばかりになっていた感情、心情――戦争下にあって覚悟しなくてはならなかった死と、戦後の生によって堰き止められ、自らも押しとどめ、なおさら溢れんばかりになっていた――を、溢れ出るに任せ、それを可能な限り直截に表現しようとしたのだ。

　繰り返すが、「得利寺付近の戦死者の弔祭」の写真が第一巻冒頭で言及されたのは、描く中心がこの世の生者ではなく、その殻を脱ぎ捨てた、ひたすらな祈念、その情念であることを示している、と言ってよかろう。

　そのために有効な文体が、当の十代において書き継いだ作品のものだ、との思いも出てきたと思われる。具体的には、『花ざかりの森』を初めとした『祈りの日記』『苧菟と瑪耶』『みのもの月』『世々に残さん』『中世』だが、これらにおいては、折々の心情の揺らめきを追うのを専らとした、修飾過多で、かつ、やや冗漫な語りの形式に傾いた、その点で小説としては難点を持つと言ってよい。三島自身、戦後派作家と活躍する上で、清算すべきと考え、実際に清算したはずのものである。その足取りは、「自己改造の試み」(31年9月)などで自から確認しつづけたことであり、短篇『詩を書く少年』(29年8月)で、当時は「言葉さへ美しければよい」と信じたとして退けた。ところが『豊饒の海』では、その復活が半ば目指された、と見てよい面が認められる。

　もっとも『春の雪』で扱う明治を通じて形成された、この時期の貴族社会の優雅にして厳しい面を示すのに、この文体が相応しいという事情があっただろう。それとともに、正面切って十代のロマンティシズムを解放し、心情そのものを端的に表現しようとするのにふさわしいのは、近代小説の文章ではなく、心情表現と物語る文体であり、それがこれだという思ひもあった。なにしろここでは実体あるものを表現対象としているのではないのである。言ってしまえば、通常の生死を越えるひたすらな祈念が、貫き生み出す情の精華とでもいうべきものを対象とするのである。

　それを表現するには、すくなくとも近代小説の文章とは違う文章でなくてはならならず、基本的には十代のものへの復帰という面もあったと考えられる。

　自決を前に『三島由紀夫十代作品集』をまとめ、死後の刊行(昭和四十六年一月二十五日、新潮社刊)としたのも、いま指摘した思いと繫っているよう。

## ＊ニヒリズムを突き抜ける

　こうして明治の終りから、昭和四十年代の終りまでのわが国の移り変わりを、貴族社会からテロ行動に走る少年の軌跡、タイの王宮や覗き見が出没する公園までの広がりをもって描き出したのだが、その要所々々では、小説家がこれまで誰も描いたことのない、輪廻に立ち会う者の視点からの、まことに不思議で、魅力的な情景が点綴されている。この小説の、最大の魅力である。

　そのところこそ語るべきなのかもしれないが、上記拙著所収「輪廻転生―「豊饒の次元」」で、その一部を具体的に示した。

もっぱら第二巻と第三巻の第一部においてであったが、他にも多々あるが、第一巻では、その伏線なり予兆が描き込まれている。

そうして第四巻では、少年透が望遠鏡で打ち寄せる波に、インド神話の宇宙創造の動きを見るところから始まり、本多が月修寺を訪ね、その夏の庭で、輪廻転生を現出させる阿頼耶識そのものを、一瞬、窺い見るに至る（上記拙著所収「究極の小説『天人五衰』―三島由紀夫最後の企て」参照）。この筆者の読み方の是非はともかく、実有の世界の底が抜けたところにおいて初めて顕われ出る、生の精華そのもののさまざまな展開が、根底から捉えられ示されたと言ってよいのではないか。自決のおよそ一週間前、清水文雄宛に三島が書いた手紙の一節にはこうある、「カンボジヤのバイヨン大寺院のことを、かつて『癩王のテラス』といふ芝居に書きましたが、この小説こそ私にとつてのバイヨンでした。又、他の好加減な小説と、一ト並べにされることにも耐へられません。いはば増長慢の限りでありませうが……。」

このまさしく「増長慢の限り」とでも言うべき思いでもって構想され、書き進められ、曲りなりにも完成されたのが、この大作だったのである。

その『豊饒の海』という題は、月面の死んだ海の名に拠るとし、自ら「この小説の荒涼たる結末」（新潮社出版案内リーフレット）を予告していると書いているところから、三島の深い虚無思想、ニヒリズムが表現されてゐると見る人が多い。しかし、これまでも言ったように三島は、存在の底が抜けた、空を踏まえて書くことにより、逆に、生のエッセンスを端的に捉え、表現し、示そうとしたのである。三巻以降、その過酷極まる執筆状況から、作品としては十分な完成度に達しなかった面があるものの、ニヒリズムは突き抜けられていると言わなくてはなるまい。そしてまた、三島自身、いまも言ったような不足点はあるものの、この大作の価値を自ら疑うことは、最後の日までなかったのである。

（文芸評論家）

特集　豊饒の海

# 三島由紀夫『春の雪』におけるシャム王室と留学制度

久保田裕子

## 一、時代の様式を考える—近代国家と王子の留学

様式のなかに住んでゐる人間には、その様式が決して目に見えないんだ。だから俺たちも何かの様式に包み込まれてゐるにちがひないんだよ。金魚が金魚鉢の中に住んでゐることを自分でも知らないやうに。（『春の雪』）

三島由紀夫の『豊饒の海』に登場する本多繁邦は、同時代の認識の内部にいる当事者にとって、後代の俯瞰的立場から作られる歴史認識を知ることはできないという矛盾について述べている。『春の雪』（「新潮」一九六五・九〜六七・一）において、松枝清顕の「生れ変り」について未だ知らない本多は、「時の経過が、貴様や俺を概括し、自分たちは気づかずにゐる時代の共通性を残酷に引つぱり出し」、「生きてゐる時代の、総括的な真実」が一括りにされることの意味について述べている。『豊饒の海』四部作では、一九六〇年代という時代の地点から、転生を繰り返す特権的な生を生きた登場人物が描かれており、その点では近代的合理性をあえて排除している構造であるように見える。一方で時代や社会の相貌がもたらす「様式」について、本多は「時代の様式の一番純粋な形」を清顕の生に見出し、同時代の社会を超越するかのように一回性の生を生きている清顕と、時代の様式の密接な結びつきについて予見している。『豊饒の海』の構造は、一九六〇年代の語りの現在の時点から大正、昭和を経て同時代に至る時代が描かれており、テキストの構造が「時代の様式」を証明するのは「時」であるという本多の認識と対応していると言える。このように考えると、『春の雪』について考察する上で、時代の無意識の「様式」を析出する必要性が浮かび上がってくる。

例えば『春の雪』に描かれるシャム（一九三九年に国名をタイへ改称）の王子たちは、後の『暁の寺』のジャントラパー姫の登場への布石として点描される、傍流の人物のように見えるかもしれない。しかし『豊饒の海』は、本多が認識する

世界を超越する全体構造を持っており、『春の雪』の底流にある歴史認識というフレームを意識すべきであろう。その点で日本と同様な近代化を目指したアジアの王権を擁する国として、シャムは他国とは交換不能な歴史的、地政学的な位置付けを持つと考えられる。本論では、シャム（タイ）という歴史的・地政学的な実体が、『豊饒の海』においてどのようなイメージを通して描かれてきたかということを考察する上で、学習院に留学する二人の王子が登場し、その背景に両国をめぐる歴史と社会が反映された第一作『春の雪』について考察したい。

『春の雪』に登場するパッタナディド殿下とクリッサダ殿下という二人のシャムの王子は、第三作目の『暁の寺』（『新潮』一九六八・九〜七〇・四）では、ラーマ八世（アナンダ・マヒドン陛下）の「何より頼りにしてをられる伯父君」として、王室の中心メンバーとなってローザンヌに滞在している。ラーマ八世は実在するが、一九四六年六月九日に銃の発砲により亡くなり、その弟がラーマ九世として即位した。『春の雪』、『暁の寺』における記述を参照すると、チャクリー朝の王室との歴史的関係性を背景とした設定がなされていたことがわかる。『春の雪』では、松枝清顕とシャムの王子との交流は、近代国家建設の基盤としての留学制度が描かれている。松枝清顕と綾倉聡子の勅許を侵犯する恋愛に寄り添っていたのは、本多だけではなくシャムの王子たちであったことの意味を再考したい。

## 二、表層の権力、深層の王権

隆盛を極めていた松枝家が開催した、先帝崩御の翌年の一九一三（大正二）年四月の観桜会に列席した洞院宮治久王は、「御名代の宮」としてラーマ六世の戴冠式に参列した「シャム王室とはゆかりの深い方」であった。松枝侯爵はさまざまな経路を通じて、天皇の権威につながる洞院宮に接近を試みており、「松枝侯爵が洞院宮様に、ばかに恭しくしたり、又時折、妙に友達ぶつたりなさるのを見るのは、面白い見物」と財閥の新河男爵夫妻に皮肉られたりしている。侯爵が洞院宮に近づく契機となったのは、近代国民国家の象徴である一九〇〇年のパリ・オリンピック国際競技の折に、「宮にお近づきになり、夜のお遊びの指南」をしたことにあった。帰国後も、「松枝。あの三鞭酒の噴水のある家は大そう面白かつた」などと「二人だけに通じる話を好んでなさつた」ように、彼らの繋がりが当初から性を介在した隠微な関係であったことがわかる。

松枝侯爵家は薩摩藩出身の下級武士出身で明治維新に貢献した元勲であった祖父を持ち、一八八四（明治十七）年制定の華族令によって叙勲された新華族として設定されている。侯爵が嫡子の清顕を幼時、公卿の家へ預けた経緯の背景には、天皇という権威に直接結び付く公家華族への憧憬があった。

松枝侯爵が綾倉家に清顕を預けたのは、「自分の家系に欠けてゐる雅びにあこがれ、せめて次代に、大貴族らしい優雅を与へよう」という目的であったが、この決断について、下級武士出身の先代の「父の賛同を得て」いた点に着目したい。テキスト内で詳細は語られていないが、松枝侯爵の方針は、松枝家全体で共有されていたと推察できる。社会構造が再編された激動の時期に、公家、武家という旧来の権力層と、主に下級武士の出自を持つ新政府樹立に貢献した元勲からなる新華族という新旧のパワーポリティクスが交錯しつつ、新たな権力の獲得が目指されていたが、松枝家もその渦中にあったと考えられる。

従って松枝侯爵が開催した花見の宴の目的のひとつは、「衰へた綾倉家の再興」であったが、同時に松枝家と宮家の関係を盤石にするという目的もあったと推察できる。さらに洞院宮への配慮から関係の深いシャムの王子たちを招待することで同時代の国際関係において、洞院宮の果たすべき役割を補佐するという意味もあったと考えられる。この点でも松枝侯爵は洞院宮との協働体制を築き、王子たちの日本留学も日暹関係の強化という国家の目的に組み込まれていた。言い換えれば、洞院宮第三王子治典王との見合いのために聡子を引き合わせる機会となった花見の宴は、近代化という共通の課題を持った日本とシャムというアジアの国家それぞれにとっての政治的な思惑があったと考えられる。

## 三、シャム王室の近代化と身分制度

ラタナコーシン朝（チャクリー朝）のラーマ五世チュラロンコーン王の時代に、シャムは近代化に本格的に着手し、国王のリーダーシップのもとに内閣制度を創設し、官庁組織を整備するなど近代国家としての体裁をととのえて国際社会に参入した。このような近代化政策について、ラーマ五世が「明治天皇と同じ一八六八年、一五歳のときに即位し、国内の統一と近代化や、ヨーロッパ列強を相手に独立の維持、という日本と同じ課題を抱えて（略）並々ならぬ日本への関心を示して」[1]いたという指摘もあり、明治天皇とラーマ五世との共通項を通して、日タイの近代化を重ね合わせる言説も見られる。ラーマ五世は、先進国の教育・技術を習得するために外国への留学生派遣政策を積極的に行う国家主導型の留学制度を行った。近代化―西欧化を急務としていたアジアの近代国家であったシャム王室の状況と対応するように、松枝侯爵―洞院宮連合という、天皇の権威を基盤とした権力の結び付きが浮かび上がってくる。

シャムの王子たちは、「日常の服装作法はすべて英国風で、美しい英語を話した」というように西欧風に洗練された人物でありながら、鎌倉で仏像を見たときには、その場で膝をついて拝むなど、敬虔な仏教徒としての一面も見せ、西欧的教養と仏教に帰依する伝統を共存させた人物として描出されている。「あの国はこのごろ、奴隷も解放する、鉄道も作る、なかなか進んだやり方をしてゐるらしいから、お前もそのつもりで附合はねばならん」といった松枝侯爵の傲慢な発言には、近代化を目指す同じアジアの国への蔑視が含まれている。しかし松枝家自体が西欧化・国際化を指向しながら、一方で綾倉家が継承する伝統的な天皇の権威へも傾斜するような複雑な方向性を持っていた。

『春の雪』において、二人の王子たちのシャム王室における地位について、次のように描かれている。

シャムでは一九一〇年に、ラーマ五世から六世へ治世が変り、今度日本へ留学される王子の一人は、新王の弟君で、ラーマ五世の息であり、その称号はプラオン・ジャオ（Praong Chao）と称され、その名をパッタナディド（Pattanadid）と呼ばれ、英語では、ヒズ・ハイネス・プリンス・パッタナディドと敬称されるならはしであつた。一緒に来られる王子は、同年の十八歳であつたが、ラーマ四世の孫に当り、ごく仲のよい従兄弟の間柄で、その称号をモン・ジャオ（Mom Chao）、その名をクリッサダ（Kridsada）といひ、パッタナディド殿下は彼を「クリ」といふ愛称で呼んでをられたが、クリッサダ殿下のはうは、正系の王子に対する敬意を忘れず、パッタナディド殿下のことを「ジャオ・ピー」と呼ばれるのであつた。

シャム王室の身分名称の詳細について、『春の雪』の同時代の日本の読者のほとんどは看過していたと考えられるが、日本国内で刊行された歴史関係の同時代資料において、シャム（タイ）王室の身分名称について、どのような情報が流通していたのか。郡司喜一は『タイ国固有行政の研究』（日本書院、一九四五・六）において、宮廷法（Monthienban）により決められたチャクリー朝の王族間における厳密な地位の序列化・階層化について、次のように解説している。

国王が妾によりて生ませた王子はプラ・オング・チャーオ（brah ong Chao）」と呼称され、「チャーオ・ファー及びプラ・オング・チャーオの称号を有する王子が、プラ・オング・チャーオ若くはモム・チャーオ（hmom Chao）の階級を有する王女族、若くは妾に生ませた子女はモム・チャーオ（hmom Chao）」という称号を与えられた。

このように詳細に決められた基準を参照すると、『春の雪』に登場する王子たちの関係性において、複雑なタイ王室における身分制度の序列についての基本的知識に基づいた人物設定がされていることがわかる。彼らは共に相当の特権と給与を受ける上位の王族であるが、親しい従兄弟同士で同年齢であっても明確な身分差を意識し、「正系の王子」であるパッタナディドに対する配慮をしていたことが強調されている。

小泉順子は『歴史叙述とナショナリズム―タイ近代史批判序説』（東京大学出版会、二〇〇六・二）において、『春の雪』においてクリッサダの祖父と設定されている国王ラーマ四世（モンクット）について、次のように述べている。

妻たちをモンクットは「正王妃（phra akkhra-mahesi）」とそれ以外に分け、さらに詳細に妻の出自を勘案した上で親王・内親王の称号を規定した。「チャオ・ファー」ランクに叙されるべき王族の条件、国王の兄弟姉妹の称号に付すべき尊称接頭辞の種類と序列など、複雑かつ厳密な王族のランク規程が制度化されていったのは、この時代からであろう。

ラーマ四世モンクット王によってチャクリー王家一族の系譜が作成され、家族や系譜に関わる諸観念が再定義され、自らの王朝の歴史と、過去と現在の連続性の保証がなされた。クリッサダの祖父ラーマ四世や、パッタナディドの父ラーマ五世は、タイが近代国家としての制度を構築する上で、大きな役割を果たした王として知られている。このようにタイの王室に関する情報収集と分析がなされた言説を参照すると、タイ王族間の厳密な序列化・階層化についての知識に基づき、『春の雪』において詳細な人物設定がされており、任意のアジアの国が選ばれたのではないことがわかる。日本とシャムは、アジアの国家の中で王室・皇室を擁し近代国家建設の中央集権的な凝集力として政治的・文化的に機能し続けてきたという共通項があった。そこにシャムの王子が日本に留学する『春の雪』における問題意識が交錯する地点があったと考えられる。

## 四、シャムから来た留学生—日本への留学制度

一八五五年にラーマ四世の手によりイギリスとの間に締結されたボーリング条約はタイ国を政治・経済的な世界的枠組みの中に再編成する。外圧を感じたチャクリ王室の内政改革は「チャクリ改革」と呼ばれている。赤木攻「タイ国の近代化過程における海外留学—絶対王制との関連において—」（『国立教育研究所紀要』第九四集、一九七八・三）によると、この改革は整備された支配機構を作り出す近代化推進のための人材の改革であり、その中で「海外留学は絶対王制の維持・強化のための近代化、そのための人材開発及び養成の手段としての国家的要請」(2)であったという。タイにおける近代化と留学制度の関係には深い関係があったことになる。

近代国家設立を目指していたタイ人留学生の日本留学の歴史的経緯について確認するために、一八九七（明治三〇）年刊行の石井安次郎『暹羅王国』（経済雑誌社、一八九七・九）に遡ると、「今王即位の始め、教育の必要は、暹羅国の貴族間に認知せられ、貴族の師弟は、相争ふて欧州に遊学したり而して彼等が業を卒へて帰り来るや、皆高官に任用」されたという記述が見られる。村田翼夫「戦前における日・タイ間の人的交流—タイ人の日本留学を中心として—」（『国立教育研究所紀要』第九四集、一九七八・三）によれば、「アジアの先進国と目された日本の文化の吸収と技術の習得を良しとする風潮が起

こり、特に一九三三年（昭和八）年頃より日本留学が増加し始めた」という。一九三二年の立憲革命以後、日本への留学が増加した理由について、それまでは留学先として欧米、特にイギリスが圧倒的に多かったのに対し、タイ国内におけるナショナリズムの影響があり、さらに「ヨーロッパより経費が安く、西洋と異なる長所を認め[3]」たという実際的な理由もあった。従って『春の雪』において、シャムの王子たちが日本に留学した経緯については、「新王（ラーマ六世—引用者注）は若い王子たちのあまりの西欧化をおそれて、日本留学のことを許られ、王子たちもそれには異存がなかつた」という叙述は歴史的根拠に基づいており、王族の一員である彼らの留学が、近代国家としての政策の一環として描かれていたことがわかる。

## 五、学習院に留学したタイの王子たち

ここで『春の雪』に登場する二人の王子たちと、学習院に留学していたタイ人留学生との関係について考察しておきたい。既に杉山欣也の『「三島由紀夫」の誕生』（翰林書房、二〇〇八・二）において、三島と学習院で同級だった人物の「板倉勝宏「学習院の思い出」翻刻・解説」が公表されている。この中で、「タイ国のワラワン殿下とプラサット君（随行貴族学生）」という「聴講生」が在籍していたという記述がある。杉山が指摘するように、『春の雪』の二王子の留学時期は一九一二（大正元）年十一月から一九一三（大正二）年夏までという設定であり、二人の留学は一九四三（昭和十八）年という違いがある。しかし学習院に留学していたシャム王室関係者という共通性から、この指摘を前提として、嶋津拓はモデルと考えられる人物について調査し、ラーマ四世の曽孫に当たるウイブン・ワラワンとプラサート・パンヤラチェンの二名を特定し、当時タイ人留学生を受け容れ事業を寄託された国際学友会の活動とともに調査報告をしている[4]。筆者は国会図書館及び学習院アーカイブズに所蔵されている明治三〇年から昭和一〇年までの在校生の氏名が記載された「学習院一覧」及び、同アーカイブズにおいて、学生の入学・退学が記載された「入院学生名簿」「退院学生名簿」を閲覧させて頂いた。名簿には入学年・月・日、身分・国名、氏名などの情報が記載されているが、「暹羅」「泰国」からの留学生として四名の人物を確認した。その中で『春の雪』と深い関わりがあると考えられるのは、先に指摘された二名の留学生である。

「入院学生名簿　大正元年十二月以降　第三号」には、「昭和十八年　四月一日　高等科文科第一学年　泰国人　ウイブン・ワラワン」「泰国人　プラサット・パンヤラシュ《ママ》ン」という記載がある。なお三島も同時期に学習院高等科に在籍しており、「退院学生名簿　昭和十五年起　教務課」には、「昭和十九年　九月三十日　高等科文科卒業　平岡公威」という記載があり、進学先として「東京法」と記されている。さら

に『桜友会会員名簿』（桜友会、一九六四・一一）を確認したところ、「昭和十九年【其の他】」の項目に、「プラサット・パシャラチユン《ママ》　高退」という記述と共に、「ファーイースト・フイルムカンパニー　タイ国バンコツク市パランチツト街　チツトロム通番地一号」という帰国後の職業と現住所が書かれていたが、同書にワラワンについての記載はなかった。両者の退学年月日は「退院学生名簿」には記載されていないが、今回の調査で、『桜友会名簿』により昭和十九年にプラサットが退学していることが明らかになり、ウイブンも同時期に退学したことが推察できる。それでは彼らはどのような経緯で日本に留学したのだろうか。

財団法人日本タイ協会（東京都麹町区霞ヶ関三丁目四番地三）が発行した「財団法人日本タイ協会々会報」は、日タイの政治的、経済的関係のニュースや人物の往来など、日本で報道された日タイ関係の記事をまとめて掲載している。例えば第三二号（一九四三・三）には一九四三年の総裁は秩父宮雍仁親王殿下、名誉総裁はアーティット・テイプ・アーパー殿下と記載されており、当時の日タイ関係の国家的中心人物が就任している。アーパー殿下は、政治的には「飾り物」の第一摂政「アチット・アパー殿下」として、『暁の寺』にも描かれている人物である。

「財団法人日本タイ協会々会報」の第二八号（一九四二・五）には、「ワラワン殿下令息来朝」という記事があり、「ワラワン殿下の長男ウイブン・ワラワン君（十九歳）とその学友「バンコーク・クロニクル社長令息プラサート・パンヤラチユン君（同）の両君」が日本留学のために来朝し、「日本に七年間滞在、学習院から帝大に留学、政治学を専攻する予定」（四・二十四、中外）と記されており、彼らの訪日が一九四二年四月であることが確認できるが、両名とも当初の目的を遂行する以前に学習院を退学していた。両者はまず国際学友会で日本語の基礎的訓練を受けた(5)。高久正義「日タイ学生夏季林間寮の記」（「財団法人日本タイ協会々会報」第三〇号、一九四二・一〇）によれば、日本タイ協会が開設した両国学生の交流事業（七月二十二日〜二十八日）に「国際、日語学校」のワラワンが参加し、中禅寺湖畔で登山・ハイキング等の合宿を行い、東照宮、華厳の滝などにおいて観光行事を行ったことが詳細に伝えられている。「本協会経営の学生会館寄宿タイ国留学生」十一名、「東京外国語学校タイ語部学生」十三名が参加した合宿には同伴した「撮影班」が盛んに撮影し、日タイ両国に向けて学生たちの交流を伝える広報活動という重要な目的があったことが推察できる。なお翌一九四三年にも「泰留学生の黒部錬成会」（「財団法人日本タイ協会々会報」第三六号、一九四三・一〇）が行われ、「学習院に入学中である盟邦タイ国ワラワン殿下の令息ウィヴン・ワラワン君（二一）」がピブン首相の甥と共に夏季錬成会に参加したという記事が見られる。

学習院入学に関する情報としては、「財団法人日本タイ協会々報」三四号（一九四三・六）「雑報」欄に掲載された「ワ殿下御曹子《ママ》学習院進学」という記事によれば、「昭和十五年暮タイ国使節として来朝したワンワイ・ワラワン殿下の御曹子ウィヴン・ワラワン君（二一）がパンヤルンシュン新聞協会長の令息プラサット・パンヤルシュン君（二〇）と共に学習院高等科聴講生として四月一日入学を許可された。」ことが伝えられ、彼らの父が日本と関わりの深い王族、報道機関に関わる重要人物という家族関係も明らかになった。

## 六、南方から来た留学生たちの戦中と戦後

ところで太平洋戦争後、プラサートは再び来日している。市川健二郎『日本占領下タイの抗日運動―自由タイの指導者たち』（勁草書房、一九八七・四）によれば、プラサートは一九八三年の「南方特別留学生四十周年記念国際会議」にタイ代表団長として出席し、市川のインタビューに答えて、「学習院の昭和寮で殿下と一緒に寝泊りしていたが、先生も寮生も親切な日本人だった。[6]」と回想し、また「四三年の夏休みには、日本政府の招待で、（ウイブン―引用者注）殿下に同行して満洲国皇帝を訪問した[7]」とも証言している。彼自身は私費留学生であり、「大東亜共栄圏建設の指導的人材養成を目的[8]」として東南アジア各地から招聘された南方特別留学生ではなかったが、「共栄圏」に連なるアジアの王室の代表としての国家的使命を帯びていたことを示唆している。[9] このようなプラサートの証言を分析し、「彼の留学が南方特別留学生に通じる意味を帯びていたことの表れ[10]」とその重要性について強調する指摘もある。

さらに二人の留学生をめぐる状況を伝える同時代言説を参照する上で、「留日学生処遇方針決定」（「財団法人日本タイ協会々報」第三七号、一九四三・一二）という記事に注目したい。彼らが学習院に入学した一九四三年の九月一〇日の閣議において政府の方針が決まり、情報局発表として、「将来夫々圏内における指導的人材たるの前途を有するものであつて、その大東亜建設に関して寄与すべき力は又甚だ大なるものがある次第」という記述が見られ、当時の南方から来た留学生が「共栄圏」において期待されていた役割の内実が示されている。

また留学生の父たちも、日タイ関係において重要な役割を果たしていた。一九四四年の「雑報」欄の「大東亜会議」（「財団法人日本タイ協会々報」第三八号、一九四四・二）という記事には、一九四三年十一月五、六日に東京で開催された大東亜会議において、タイ国の「代表　内閣総理大臣代理」として、ウイブンの父、ワンワイ・タヤコーンの名前が挙がっている。日本からは内閣総理大臣の東條英機が出席した他、中華民国、満洲国、フィリピン、ビルマが参加し、「大東亜各国は相提携して大東亜戦争を完遂」することを目的とした「大東亜共

同宣言」を採択した。会議の席上において、「泰国ワンワイ殿下の演説要旨」として、「数百年前より日本の友邦であつたわがタイ国民は、現在も日本の同盟国として共栄圏建設のためあらゆる力を尽し、タイ国の軍隊は日本帝国の軍隊と肩を並べ戦ひつゝある」（「財団法人日本タイ協会々報」第三八号、一九四四・二）という言葉が伝えられている。大東亜会議において、日本の「同盟国」としての立場を強調しながら、「大東亜各国」の一員として組み込まれていたタイ側の複雑な立場が反映されている。ちなみに同時期に息子のウイブンは学習院に留学中であり、父子は会議開催中、東京で会っている。(11)

また「財団法人日本タイ協会々報」第四〇号（一九四四・六）に掲載された今井泰三の「泰国新聞界の現状と其の発達経路—五月十七日同国第二回新聞日に因んで—」には、プラサートの父であるナイ・プリチヤヌサート・パンヤラチェーンを委員長とする「タイ国新聞協会」の活動が報告されている。新聞協会は、ピブン首相が結成の基礎を築き、タイ政府の宣伝局との強い結び付きの元に運営され、同記事では、プラサートの父を「委員長とする強力なる委員会によつて多方面にわたり活動」を行った経緯が報告され、彼が国家主導の強力な情報統制下にあった新聞メディアにおける中心人物であったことがうかがえる。彼に対する日本側の評価は、「単なる阿諛を呈するの意図ではなく、最後の決定的勝利を期して政府を扶けて戦ひ抜かん」（「泰国新聞界の現状と其の発達経路」）という立場が強調されている。留学生二人の父たちは、〈大東亜共栄圏〉という旗印の下に結ばれた「同盟国」タイの代表的人物として、戦争遂行を目的とした日本と深く複雑な関わりを結んでいた。

それでは学習院の二人の留学生について、三島はどのような関わりがあったのだろうか。「未発表「豊饒の海」創作ノート①」（工藤正義・佐藤秀明翻刻「三島由紀夫研究」第四号、二〇〇七・七）に登場する「当時、国際連盟にゐたワンワイ・タイヤコン殿下」と記載された人物は大東亜会議にも出席したウイブンの父親である。また「創作ノート」には、「日タイ協会事ム所」という記載もあるが、財団法人日本タイ協会の場所は、東京都麹町区霞ヶ関三丁目四番地三にあり、「財団法人日本タイ協会々報」を刊行していたのは先に述べた通りである。さらに「国際学友会—留学生」という記載は、学習院に留学していた二人が最初に日本語を学んだ場所である。以上のような「創作ノート」の断片的メモをつなぎ合わせると、『春の雪』とウイブン、プラサート両名との結び付きが浮かび上がる。三島が同事務所を訪れ、雑誌から情報を得た可能性は十分に考えられる。

「学習院一覧　昭和十六年九月纂」（学習院、一九四一・一二）で確認すると、例えば一九四一年五月三十一日現在の学習院高等科の人数は一九三名でそれほど多くはないが、一年程度在学していた二人の留学生と、三島との関係がどのようなものであったかは不明である。しかし「財団法人日本タイ協会々報」のさまざまな記事を参照すると、彼ら二人の留学生は、日タイ関係の結び付きを象徴する存在として当時から有名な人物であり、近代化するアジアの王族としての歴史的役割を帯びて来日した。パッタナディドたちは異なる時代に設定されているが、『豊饒の海』の構造は一九六〇年代の語りの現在の時点から大正、昭和を経て同時代に至る時代を俯瞰して描かれている。〈大東亜共栄圏〉下の国家的目的という課題を負いつつ日本と対峙した留学生たちの姿を遠景に置いてみたとき、『春の雪』における、幾層にも織り込まれた時代の諸相が浮かび上がってくる。またシャム王子の父が、大東亜会議において重要な役割を果たしたという経緯は、『豊饒の海』と歴史的事実との深いつながりを示唆している。そのように考えれば、清顕とシャムの王子たちの出会いが、近代化を推進するアジアの国家としての日本とシャムの関係性に淵源を発していたことがわかる。三島文学におけるアジアという問題系を導入することによって、テクストを歴史的な言説の中に解放することができるのではないか。

（福岡教育大学）

※三島由紀夫のテクストの引用は、『決定版三島由紀夫全集』全四十二巻（新潮社、二〇〇〇～二〇〇五）に拠った。またタイ人の氏名は、引用したテキストの表記に従った。学習院アーカイブズの資料の閲覧については桑尾光太郎氏のご協力とご助言を頂いた。ここに感謝申し上げたい。

注1　吉川利治「第四章　タイ」（吉川利治編『近現代史のなかの日本と東南アジア』所収、東京書籍、一九九二・一〇）

2　吉川利治は「8章　国民統合の政治文化―タイ国王の文化論」（土屋健治編『講座東南アジア学　第六巻　東南アジアの思想』所収、弘文堂、一九九〇・一二）において、「二〇世紀に入るとヨーロッパ留学の王子たちが帰国し、政府の要職に就きだした（略）権力と権威の双方を確保したその後のチュラーロンコーン王は王権の強化、行政と軍隊の機構近代化で国内を固めた。」と指摘している。

3　チャリダー・ブアワンポン「明治期シャム国日本派遣女子留学生について」（「法政史学」第四三号、一九九〇・三）

4　嶋津拓「三島由紀夫箸『豊鏡の海』とタイの留学生―「シャムの王子」たちのモデルは誰か―」（「埼玉大学日本語教育センター紀要」第八号、二〇一四・三）

5　倉沢愛子「南方特別留学生について」（倉沢愛子編『南方特別留学生が見た戦時下の日本人』所収、草思社、一九九七・八）において、国際学友会は一九三五年に設立された外務省の外郭団体であり、文化工作の重要性の中で「日本の戦争目的を理解させ、将来日本の協力者となってアジア諸国をになう人々を育てる」という「時局に即した国策団体」であったという指摘がある。

6　市川健二郎『日本占領下タイの抗日運動―自由タイの指導者たち』（勁草書房、一九八七・四）

7　6に同じ

8　江上芳郎『南方軍政関係史料㉔南方特別留学生招聘事業の研究』（龍渓書院、一九九七・二）によれば、南方特別留学生は、一九四三、四四年に日本政府が「大東亜共栄圏建設の指導的人材養成を目的」として東南アジア諸地域から招聘した留学生である。

9　藤原聡・篠原啓一・西出勇志『アジア戦時留学生』（共同通信社、一九九六・八）に収録された「南方特別留学生名簿」には、二名の名前は記載されていない。

10　河路由佳「その人の〈声〉に耳を澄ます―オーラル・データの豊かさとそのアーカイヴ化をめぐる議論のために」（「史資料ハブ地域文化研究／21世紀COEプログラム「史資料ハブ地域文化研究拠点」総括班編」第五号、二〇〇五・三）

11　6に同じ

## ミシマ万華鏡

佐藤秀明

オペラ「金閣寺」を東京文化会館に観に行ったら、「黛敏郎電子音楽作品集」のCDと『日本の音楽家を知るシリーズ　黛敏郎』というムックを売っていた。CDには、三島由紀夫と黛との関係について、山中剛史の詳しい解説が入っている。ここではつまらぬ小ネタを二つ書いておく。

黛が東京芸大で知り合い、終生の友となったのが千葉馨だった。ムックにはそう書いてある。後にNHK交響楽団の首席ホルン奏者となる人である。千葉馨は、四谷区永住町二番地に住んでいた。何やら聞いたことのある地番ではないか。そう、三島由紀夫の生誕地である。近所かというとそうではない。ズバリ同じ家なのである。

詳しくは拙論「三島由紀夫の生誕地」（本誌17号）をご覧いただきたいが、沼尻地図という戦前の住宅地図があり、そこには「千葉」と書いてある。借家だった平岡家の後に入ったのが、千葉だった。黛敏郎はそのことを知っていたのだろうか。

一九六四年の東京オリンピックの開会式で、黛敏郎が作った梵鐘の電子音楽が流れた。国立競技場でそれを聞いた三島は、「実に不似合いなものであつた」と翌日の新聞に書いた（「東洋と西洋を結ぶ火」）。オペラ「美濃子」の黛の作曲が間に合わず上演延期となり、三島が絶縁を宣言したのはその年の一月だった。ひょっとして遅延は梵鐘のため？　三島の憤懣、だと思う。そこからの推測である。

特集　豊饒の海

# アダプテーション作品の生態学
## ——三島由紀夫「春の雪」アダプテーションの諸相

山中剛史

### 1

ウィリアム・フォーサイスによるフランクフルト・バレエ団公演「失われた委曲」では、作中「奔馬」の崇高をめぐる一節が朗読され、朗読された「奔馬」本文の一部が舞台に繰り返し投射されて（英訳、日本公演では日本語原文）、雪がこんこんと降り積もるというシーンが展開される。フォーサイスは、なぜ三島のテキストを使用したのかという問いに、〈「三島の方が僕のバレエを引用したのかと思った」と冗談交じりに切り返した〉という[1]。

あるいはこのフォーサイスの言葉はふざけて見えるかもしれない。三島作品という原典が時間的に先行して存在しそれを元にしてアダプテーション作品が作られるのであれば、それは枝葉の元である根ともいうべきものであって、それなしにアダプトもなにもないではないか、と。不可逆な時間のなかで後行するフォーサイスの言葉がナンセンスに見えるのもたしかに無理はない。ただし、アダプテーションの間テクスト的地平においては、実のところ時間的な前か後ろかということそれ自体に本質的な意味があるというわけではないという捉え方も出来る。その意味では、フォーサイスの発言がいかに冗談交じりのものであったとしても、三島をベースに三島作品のアダプテーションを考えようとする者にとって、この発言はアダプテーションのあり方を語って示唆的である。

例えば、長田育恵脚本、マックス・ウェブスター演出による舞台「豊饒の海」[2]は、「春の雪」「奔馬」「暁の寺」「天人五衰」四作を初めて通しで扱って脚色した舞台であって、三島由紀夫の「豊饒の海」がなければ存在出来なかったものであろう。しかし上演されることによって、いま現在新たに「豊饒の海」という作品自体に光が当てられ批評対象となることは、「豊饒の海」への読み自体が改めて豊かになっていくということでもある。そればかりではない。「豊饒の海」というテキストがそもそも秘めていたものが、舞台化という異ジャンルにアダプテーションされることで初めて姿を現すということもある。すなわちアダプテーションということ自体が、その接続元の小説の批評的創造でありそれを現代という文脈のなかで公演として実践することであってみれば、アダプテーションが繰り返されることによって改めて「豊饒の海」はいま現在に現在のものとして息を吹き返すともいえる。

いま批評的創造と述べたが、小説を演劇なり映画なりへアダプトする場合、完全に移植することは不可能である。かつて三島由紀夫はアンドレ・カイヤットとの対談で、小説では視覚的提示が出来ない代わりに読者それぞれが想像力で解釈するが、映画の場合は個別具体的な俳優が演じることになり、受容側の想像力の飛翔を押しとどめてしまうという意味のことを述べている(3)。これは一例だが、それぞれのメディア自体の持つ特性により元となる小説との差異は必ず出来することになる。必然的に生じる原典とのズレを、移植先メディア生来の特性によるネガティブなノイズとするのではなく、脚色者や演出者による解釈や原典への批評としていま新たにズレを起点に原典を再構築すること。批評的創造とはそうした意味である。いま現在、三島作品を上演するということは、単に初演当時の再現として上演するのではなく、「いまなぜこの作品なのか」という問いを常に突きつけられることなのであり、脚色者なり演出家なりは常に現在から三島作品の言葉と対話し、議論し、格闘することとなる。その中では、再度繰り返せば原典とのズレは原典を歪曲させるネガティブな必然なのではない。むしろ原典との必然的なズレこそがアダプテーション作品、二次的作品の批評性を際立たせるところの、オリジナリティともいうべきものなのである。

また先に少し触れたように、いま現在のものとして繰り返しアダプテーションしていくことにより、小説としてだけではくみ取れなかった、元々その小説が持っていた種々の可能性に改めて光が当てられ、その時代時代により解釈し直され掘り起こされていくということは、原典―n次的作品というアダプテーションにおける時間的な先行性、つまり起源とそのコピーという往々にして作品価値的なカーストとも見做されてしまいがちなパースペクティブを転倒させうる力を持っている。かつてミーケ・バルはその著 *Quoting Caravaggio: Contemporary Art, Preposterous History* の中で、「前後転倒の歴史」という概念を唱え、時系列的に最初の作品が後続の芸術家による作品の事後的な効果として機能することを画家カラヴァッジオと現代美術作品を例にして論じたことがある(4)。バルの提唱した概念を手がかりに考えてみれば、だから〈「三島の方が僕のバレエを引用したのかと思った」〉というフォーサイスの言葉もにわかに重みを持って響いてくるだろう。時系列的には後続であるところのアダプテーションや他作品内での引用が繰り返されることによって、原典たる作品の評価やイメージなどが次々と更新されていく[5]。

時間はアダプテーションの地平においては可逆的に現在から過去へと影響を与え、あたかも生きているかのように作品自体の意味を変えていくということもあるのである。アダプテーションにおける作品の生態学として、こうした作品の変態や更新は、日常的にも種々の現場で見られるものであろう。「豊饒の海」という作品を考えてみれば、それに先行する「浜松中納言物語」が典拠としてあるのであり、「浜松中納言物語」自体、転生ということだけについても「今昔物語集」から「太平広記」、そのほか古典文学の影響を受けている[6]。また王朝物と現代の接続というスタイル的な意味では〈谷崎潤一郎氏の「細雪」といふ先蹤を持つ〉（「「春の雪」について」）と作者自ら述べており、更にまた後続として「豊饒の海」の種々のアダプテーション、または「豊饒の海」に着想を得た作品、オマージュ、パロディーなど、こうした連綿と続く連なりのなかで有機的にそれは存在しているのである。

ただ、そうした原理的な地平とは別に、とりわけ映画や商業演劇といったメディアへのアダプテーションは、それらの持つ興行的な側面から、むしろ作品内容というよりは出演俳優の人気や業界の流れ、世間的な話題や流行といった状況の力学によってしばしば左右される。自主映画や小劇場演劇は別としても、大資本による興行が営利を目的としている以上それは避けられず、多数のスタッフやキャストを抱えて動くそれはいわば水ものであり、その時々のタイミングにも依存しているといってもよいだろう。そうした個々の状況的な事情などは、後からではなかなか見えにくく、演劇であれ映画であれ、とかくアダプテーションの研究は原典と台本のテキスト比較にとどまってしまうことがある。アダプテーションが批評的創造であるならば、その時々の状況的な地平の中でいかようにそのアダプテーションが現象したのかをも視野に含めなければならないだろう。

## 2

ところで、「豊饒の海」四部作を丸ごと劇化したのは先に述べたものが唯一だが、劇化、映画化といった面では、すでに木谷真紀子「『豊饒の海』からの独立―演劇と映画の『春の雪』」が、〈『春の雪』に限っては、『豊饒の海』から独立して受容されてきたと言える。それは生前から、演劇やテレビドラマとなり、死から長い期間を経て映画化されるなど、異なったジャンルで再生され続けているからである〉と指摘しているように[7]、四部作のなかで「春の雪」のみが特権的にアダプテーションされてきた。木谷も紹介しているが、ほかの三作に比べて「春の雪」のみが単体で映画、演劇、漫画化などの複数のジャンルに渡るアダプテーションがなされ、他の三作についてはほとんどない。[8] 木谷論文は、〈『豊饒の海』完結後に全四巻を把握しながらも、『春の雪』を独立させたという共通点〉[9] から、また川口脚色から三十二年経過しての映画化が後続するアダプテーション（漫画化、ミュージカル化、朗読劇化）に影響を与えたとして、三島没後の川口松太郎脚色による舞台と行定勲監督による映画に焦点を定めて論じている。

ここでは、木谷論に刺激を受けつつも、また別の角度から「春の雪」のアダプテーションを考えてみたい。「豊饒の海」四部作（「春の雪」昭40・9〜42・1／単行本44・1、「奔馬」42・2〜43・8／44・2、「暁の寺」43・9〜45・4／45・7、「天人五衰」45・7〜46・1／46・2）がいまだ完結していない時期、東宝現代劇によって「春の雪」が演劇化されて以来テレビドラマ、朗読ドラマテープ化と連鎖的に「春の雪」はアダプテーションされ、一時的ではあるがブームのような様相を呈したことがあった。三島の生前、作者の意向を離れたところで、それがどのような時系列的推移の中でアダプテーションされ、東宝現代劇、テレビドラマ、テープと、それぞれがいかような連鎖的関係にあったのか。東宝現代劇の上演された昭和四十四年から翌年前半にかけての時流と芸能紙を含めた当時の言説空間のなかで、「春の雪」のアダプテーションの過程や評価がいかに語られていったのかをあぶり出していきたい。

まずは改めて、管見の及ぶ限りでの「春の雪」アダプテーションの作品を時系列で列挙しておきたい（ただし三島由紀夫の原作であることが明記されているものに限り、派生的なものも＊を記し一部含めた）。

昭和44年9〜12月　東宝現代劇「春の雪」（演劇）
　脚色・演出／菊田一夫
　出演／市川染五郎、佐久間良子
　（台本「東宝」昭44・9）

昭和45年2〜4月　フジテレビ・おんなの劇場「春の雪」
　（テレビドラマ）
　脚色／大野靖子　演出／大野木直之
　出演／市川海老蔵、吉永小百合

昭和45年5月　ポニーカセット文庫「春の雪」
　（カセットテープ）
　脚色／鈴木俊平　出演／平幹二朗、佐久間良子

昭和48年1月　三島由紀夫作品連続公演Ⅱ「春の雪」（演劇）
　脚色・演出／川口松太郎
　出演／市川海老蔵、佐久間良子

昭和48年5月　ビクター「三島由紀夫作品連続公演Ⅱ春の雪」（レコード）＊

昭和54年3月　市川海老蔵酒井和歌子初顔合わせ公演
　「春の雪」（演劇）
　脚色・演出／川口松太郎
　出演／市川海老蔵、酒井和歌子

平成17年10月　「春の雪」製作委員会「春の雪」（映画）

脚本／伊藤ちひろ、佐藤信介　監督／行定勲
出演／妻夫木聡、竹内結子
（台本「シナリオ」平17・12）
平成17年10月　井上貴之「春の雪VISUAL BOOK」宝島
社（写真集）＊
平成17年10月　東宝「春の雪—清顕と聡子の追想物語」
（メイキングDVD）＊
平成17年10〜18年1月「週刊女性」連載「春の雪」（漫画）
脚本・構成／池田理代子　画／宮本えりか
平成18年2月　主婦の友社「春の雪」（漫画）＊
平成18年4月　東宝「春の雪」（DVD）＊
平成20年3月　中公文庫コミック版「春の雪」（漫画）＊
平成21年5月　BALLET NEXT「春の雪」（バレエ）
演出・振付／市川透　出演／植村麻衣子、陳秀介
平成24年10〜11月　バウ・ミュージカル「春の雪」
（ミュージカル）
脚本・演出／生田大和
出演／明日海りお、宝塚月組
平成25年1月　宝塚クリエイティブアーツ「春の雪」
（DVD）＊
平成25年11〜12月　物語の女たちシリーズ「春の雪〜
禁断の恋、聡子」（朗読劇）
上演台本／笹部博司　演出／石井ふく子
出演／若尾文子、三田村邦彦
平成26年2月　BALLET NEXT「春の雪」（バレエ）
演出・振付／市川透　出演／下村芝布、清水健太
平成30年11〜12月　パルコ「豊饒の海」（演劇）
脚本／長田育恵　演出／マックス・ウェブスター
出演／東出昌大、初音映莉子

この他にジェフ・ウォールによる現代美術（写真作品）*After "Spring Snow" by Yukio Mishima, chapter 34* (2000-2005) がある。「春の雪」の一場面を写真に再現したものである。

こう見てくると、「春の雪」はおおむね三回ほどアダプテーションが集中している時期があるように思われる。東宝演劇での舞台化、映画化それから宝塚である。

漫画などは映画封切りに合わせた連載開始であり、その話題性の中で相乗的にアダプテーションされたタイアップかとも思われるような企画であるし[10]、バレエが比較的小さい公演であったとしても、宝塚によるミュージカルによって「春の雪」熱が再燃したような感じも受ける。もちろん、こうした興行の企画は公演よりずいぶんと前に決定されるものであろうし影響と一口にはいえないだろうが、実際の上演のタイミングによって、世間的には連鎖のようになることもままある。いずれにせよ、三島没後のこうしたアダプテーションが生じていった流れにおいて、先の木谷の指摘のように映画化の影

響は小さくないことが見て取れる。

　それらに対して三島生前のものは昭和四十四年秋の演劇から翌年春のカセットテープまで、ほぼ時間を置かず連続した形で継起的にアダプテーションされていることがわかる。ではこれらそれぞれのアダプテーションには、実際、相関関係ともいうべきものはあったのか。

## 3

　昭和四十四年秋から翌年春にかけての継続的なアダプテーションはどのようにして企画され、おこなわれて、受容されていったのか。それには、起点として単行本『春の雪』刊行があるだろう。まずは初出というよりも、まとまった形で、より一般読者に普及するといった観点から、単行本がどのように受容されたのかを見ていきたい。

　単行本『春の雪』は昭和四十四年一月五日初版発行と奥付にある。(11) 雑誌「新刊展望」（昭44・1）をめくってみると、〈さて新年を飾る出版は、三島由紀夫氏久々の小説『春の雪』（新潮社）である。これはいまも雑誌〈新潮〉に連載中の「豊饒の海」第一巻で第二巻『奔馬』も二月早々に出版される。（中略）三島氏にとって『午後の曳航』以来の小説で、本来全四巻まとめて読まれるべきだが、「五年間も地下鉄の運転士みたいに日の目を見なかったので、息苦しくなって出した」と著者自身が語っている〉(12)という紹介がなされている。〈『午後の曳航』以来の小説〉という箇所などは新作長篇の新刊として受容側の期待がうかがわれる。また地下鉄の運転手云々は、「私の近況―「春の雪」と「奔馬」の出版」（昭43・11）での三島の言。これによれば、作者は四巻全部書き上げるまで一切単行本にしないつもりであったが〈ここへ来て、前半の二巻を、どうしても世に出したくなつたのである〉という。

　たしかに「新潮」への連載（昭40・9〜42・1）終了から丸二年経過してからの出版は、連載終了即刊行というパターンの多い三島にとっては異例であり、まとめて刊行したかった作者の意志が感じられる。といっても、内々では、〈この秋には、第一巻、第二巻のみを僅少部数刷つて、先輩知友に差上げたく存じてをります〉と清水文雄宛書簡（昭42・2・22付）に記したような心づもりもあったようだ。また、『春の雪』には昭和四十三年十月三十日初版の奥付を持つ通称ノーベル版という本が出回っていることも知られている。これについては既に、〈日本人作家にノーベル文学賞が――といううわさが流れたとき、ひょっとしたら三島氏がと考えた出版元が、どうせ出すなら受賞後にというわけで、この日付けの本の印刷を二百八十部でひとまずストップ。／とらぬタヌキの目算はずれ、ことしの一月六日《ママ》に「春の雪」をあらためて出版した〉という消息通の推理が当時の週刊誌に掲載されている。(13) 川端康成がノーベル文学賞を受賞したのが四十三年十月十七日であることを思えば、真偽はどうあれ、同時代言説としても説得力を持ったものであっただろう。犬塚潔によれば、装幀を担当した村上芳正に新潮社から依頼があったのが四十三年二月頃だったというから、[14]いずれにせよ四十三年初頭から単行本刊行に向けて動いていたことはたしかである。

先行するノーベル賞への期待に加えて、発売に合わせてインタビュー記事も各紙に掲載、[15]売れ行きを後押ししたと思われる。では実際どのくらい売れたのか。四十四年三月時点で、『春の雪』は十一万部が売れ、それを受けて二月発売の『奔馬』は初版としては異例の三万七千部を印刷したという。[16]ノーベル文学賞を受賞したばかりの川端康成が帯文を書き、三島のライフワークでもある久々の長篇単行本として喧伝されたものであるとしても、当時、純文学小説で発売約二ヶ月のあいだに十一万部というのはかなりのヒットといってよい。『春の雪』は、単行本単体で昭和五十年末までに四十二万六千部を売り上げているので、[17]三島没後の爆発的ブームを差し引いたとしても、初動はかなりの好調である。これを受け、新潮社は三島の本としては『金閣寺』以来十万部を超えた本として豪華版の著者四部本を作成した。[18]新潮社では『春の雪』が昭和三十一年の『金閣寺』以来のヒットだったのである。

続く『奔馬』や『暁の寺』では、内容はともかく売り上げの点でこうした記事は当時見当たらない。三島由紀夫のライフワークといえど、四部作のうちで『春の雪』が特に売り上げがよかったというのは、ノーベル賞候補であったことの話題性や久々の新作長篇という要素に加えて、美男美女の悲恋小説というメロドラマ的側面を持つことにもよるであろう。右に述べてきたような刊行当時の流れを追ってみると、三島生前は『春の雪』が他二冊をおさえてトップであったと判断してよい。三島の自死によってその様相は様変わりすることになるだろうが、アダプテーションのみならず、売り上げという点においても『春の雪』は独立していたようである。

先に示した通り、「春の雪」最初のアダプテーションは演劇であった。[19]おそらく連載中からの話題性と、刊行即ヒットの状況を横目に演劇化が目論まれたのではなかろうか。

三島由紀夫君の春の雪は本が出版されると直ぐ三島君署名入りで寄贈を受けた。今となっては大切な所蔵本の一冊になったが春の雪は一夜に読みあげてしまい、その面白さに感激して三島君へはお礼と一緒に、この作品を是非芝居にしたいと頼んだ。残念ながら返事はなかった。その時には他からの上演申し込みがあったらしくその後は三島君に会う機会もなく過ぎて今度の事になった。[20]

これは川口松太郎脚色により松竹で昭和四十八年に「春の雪」を演劇化した際の川口の文章である。既に川口の前に打診があったのか、あとあと三島が勘案して東宝での演劇化にゴーサインを出したものかは定かではないが、三月には病気だった菊田一夫が現場復帰、東宝演劇部の機構改革によって菊田色重視の路線となったというタイミングであったことを合わせ考えてみると、[21]三月には東宝現代劇九・十月公演としての動きが始動したと推測される。製作発表記者会見が行われた四月二十五日には、例えば次のような記事が出ている。

> 佐久間はかねてから舞台進出をめざしており、初舞台は客席七百で細かい演技のできる芸術座を希望していた。東宝演劇部でも佐久間起用を熱心にはかっており、ことし三、四月、芸術座でやった「千羽鶴」も佐久間主演企画で立てたが、スケジュールの都合で実現しなかった。「春の雪」はヒロインのイメージが佐久間にあっていることと、秋のスケジュールがあいていたことで、所属の東映側も了承して出演が決まった。（中略）
> 原作では清顕中心の作品なので佐久間側では脚本でヒロインを書き込んでほしいと希望している。[22]

最初の稽古は同年八月六日。[23]佐久間は東映の看板女優であり、昭和四十年以降は時代物を中心にテレビドラマ出演も多かった。テレビで見かける映画女優の初舞台とのことで、当時、各芸能、スポーツ新聞がこぞって記事にしている。かくて菊田一夫脚色・演出、市川染五郎（二代目白鸚）、佐久間良子ら出演で、初日九月四日から十月二十八日までの二ヶ月公演が幕を開けた。幕開け後の劇評もおおむね好評で、〈このところ不振つづきの芸術座だったが、佐久間の初舞台と三島作品の評判とで、立ち見の客も大勢いるほどの大当たり[24]〉、早くも九月十六日には〈客席に若い女性がふえて入りがしり上がりなので、さらの十二月まで続演が内定[25]〉との報道があり、本来十一・十二月公演であった山田五十鈴ら出演の「とりかへばや秘文」（舟橋聖一原作、菊田一夫脚色・演出）は翌年秋に延期、芸術座としては森光子主演の「放浪記」以来七年ぶりのロングラン公演として話題となった。[26]舞台初日を観劇した原作者も佐久間について、〈すごくかわいい。清顕との電話で、年下の相手があわてているのを知ってにっと笑うあたり女心の表現がうまいし、舞台女優としても立派ですよ[27]〉なるコメントを残している。

東宝現代劇の場合、春の十一万部という売り上げから話題が冷めないうちに舞台化され、テレビで人気の女優が主演、開幕数日で若い女性客の多さにロングラン決定という流れだけを見ると、一見、アダプテーションを通して若い観客層にも積極的に三島文学が浸透していったような印象を受けるが、無論その若い客らがみな『春の雪』読者であったわけではない。例えば佐久間は、〈「ときどき意味なく笑われるので、最初はとまどいました。いまの若いお客さんには宮家輿（こし）入れの勅許がおりたあと、幼なじみの男性と大恋愛をするという罪意識がピンとこないんですね。このことが理解されるともっと面白く舞台が楽しめると思うのですけどね[28]〉と語る。また当時の劇評にも、次のようにある。

> 突きささるような心の痛手に耐えかねて号泣するヒロイン聡子。苦しみを乗りこえようと尼さんたちと読経す

る姿に爆笑がわく。映画スター佐久間良子が初舞台をふんだ「春の雪」の客席には、同性の若い観客の遠慮のない笑いがひびいた。天皇の孫娘の離婚について週刊誌の記事をむさぼり読む若い観客には、宮家へ王妃としてとつぐことを天皇から許されたあと、恋しあう清顕の子を宿して処置、そして仏門にはいる娘の心情は、むかし話としても理解ができないのかも知れない[29]。

作者自身〈「昔だったらとても書けないことだよ。しかし僕は禁止されたタブーを破るところにこそ、エロースの根拠があるというんだ。有夫の夫人をおかすのもタブーだが、勅使が絶対的タブーだった[30]〉と語る、いわば「春の雪」の肝ともいうべき部分が全くの無理解のなかで受容されていたという側面をこれらは伝えていよう。躊躇なくいってしまえば、芸術座の「春の雪」の興行的な実態は、佐久間人気によりロングランとなったていのいいメロドラマであったのかもしれない。もちろん、商業演劇の興行としては、原作の本質的な理解などはなから観客に期待してはいない。ここに演劇や映画といった大資本のからんだメディアへのアダプテーションが孕む問題のひとつがある。すなわち、いまそれを扱うにあたり、いまの観客にどう伝えるのかということである。何も菊田の脚色の腕が悪かったというのではない。はしなくも、菊田と若い観客との世代的ギャップが悪い形で露呈してしまったという一例とでもいうべきか。つまりこれは原作と脚本間の問題ではなく、脚本といまの観客の問題なのである。

いま、なぜ、いかに、現在とアダプトするのか。エンターテインメントを求める原作未読の若い観客に向けてアダプトするには、やはり原典そのままのトレースというわけにはいかない。芸術座の舞台「春の雪」は、一面でそうした問題を浮き彫りにさせるだろう。そして興行的な成功は、次なるアダプテーションに火を付ける。

## 4

フジテレビの原作ものドラマ枠「おんなの劇場」で吉永小百合、市川海老蔵（十二代目団十郎）共演で「春の雪」が連続テレビドラマになるという報道は、昭和四十五年一月九日の衣裳合わせへの取材からである[31]。二大スターの初共演ということで、これまた芸能、スポーツ紙を賑わせた。脚色・大野靖子、演出・大野木直之によるドラマは全六回（昭45・2・27〜4・3）で、金曜夜九時半からという時間帯で放映。これとは別に、木谷論文が「44・5・20」の日付のある国際放映のテレビ映画企画書を紹介しているが[32]、フジテレビ以外でも早くからテレビドラマとしての企画があったということを示していよう。フジでの企画がいつ成立したものかは不明だが、芸能、スポーツ紙の報道や第一回の録画撮りが一月十四日であったことを考えると、この場合、芸術座のロングランを受けての企画であったろうと推測される。

〈現代劇といったって、ふだんの君を出せばいいんだ〉[33]と三島に激励を受けたという海老蔵はテレビには三年ぶりの出演で初の現代劇出演[34]であり、この年正月四日から一年間放送されるNHK大河ドラマ「樅ノ木は残った」（山本周五郎原作、茂木草介脚本）に出演していた吉永とのキスシーンは芸能、スポーツ紙で連日話題となっていた。ドラマも第一回放映のラストシーンに雪の舞う中人力車中でのキスシーンを配置し、続く回へと視聴者を引きつけるような構成である。[35]テレビそれも連続物となれば、舞台以上に種々の制約のうちにストーリー的にも絵的にも再構築しなければなるまい。タイトルバックに源氏物語絵巻を使い、[36]そのまま綾倉伯爵と蓼科の情事シーンに入る構成は、後の映画版を思わせるが、テレビ評からはメディア特有の難点もあったことがうかがわれる。

テレビの小さく平面的なブラウン管で、この〝三島ロマン〟のみやびやかな持ち味をどう表現するか興味が持たれたが、重く沈んだ色調とあざやかではなやかな色調をうまく使い分け、乙羽信子、露口茂など、しっかりした脇役陣が、作品に厚みを持たせてかなり成功しているようだ。金びょうぶの貴族絵巻に淡雪をダブらせたオープニングから、絵巻から抜き出たような綾倉伯爵と侍女蓼科の情事、綾倉伯が娘の聡子を使って松枝侯爵に復しゅうするように蓼科にいい含める冒頭のシーンや、聡子と清顕が雪見の人力車のなかでくちびるをかわすアップの美しいシーンなど、テレビ的演出を駆使して、なかなかこった場面をつくっている。ただ、ドラマの様式美にとらわれ、極端に簡略化したドラマ構成をとっているために、舞台と違って茶の間のファンがついていけないところもあるようだ。[37]

続けてもうひとつ引用する。

しょっぱなから綾倉伯爵（観世栄夫）と蓼科（乙羽信子）の陰湿な交情シーンをもって来た脚本（大野靖子）には意表をつかれた感じでハハアと思ったが、清顕が開封してくれるなと懇願した手紙を聡子があえて読む件り、そしてこの内容について聡子が清顕の父侯爵に直談判する件りは見せてはならない場面の筈で、一体こうまで絵解きをしない限りテレビドラマは成立たないのか。〝おんなの劇場〟だからこうなのか、それとも一般のレベルは相変らずこの程度なのか。[38]

こうした当時の評価をそのまま過信するわけにはいかないが、当時の映像が視聴できず台本も閲覧できない状況からは、これらから種々テレビドラマの内容が推測できる。といって、テレビ録画器機が一般に普及していない当時のことであってみれば、原典との比較の中で単純化やただ受動的な視聴者のための絵解き的展開は致し方ない部分もあるだろう。いやむしろ、先の東宝の舞台を考えてみれば、いまの視聴者へ向けての適切な脚色だったのかもしれない。原典との比較を通して見るのではなく、それがテレビドラマというメディアの作品としてどうであったのかという点からすれば、高視聴率を稼いだわけではなかったようだが[39]、原典のアレンジにくわえて画面の色調の変化、〈テレビ的演出の駆使〉など、これ以上の検証のしようはないが、当時のテレビ版としてはそれなりの完成度であったようにも思われる。

　舞台からテレビドラマへの橋渡しは、ある意味佐久間良子であったともいえるが、次にテープ版となるには、吉永小百合が橋渡し役となることになる。というのは、先に昭和四十五年の大河ドラマに吉永が出演していると言及したけれども、その「樅ノ木が残った」がポニーカセット文庫としてテープ化されることになる。〈レコード音楽のテープ化を主な業務としていたカセット・テープに、文芸作品が登場するのは初めてのことである。そのため、活字、レコードにつづく、“第三の出版”として期待する向きが多く、早くも話題となっている〉[40]として昭和四十五年三月に発売されたのだが、その第二弾として発売されたのが「春の雪」だったからである。当時の記事を見ると、三月の発売時点でのラインナップには「春の雪」は見当たらず、五月一日になって〈臨時発売中！〉の文字と共に突如広告が新聞紙面に掲載された[41]。つまり、吉永出演の「春の雪」テレビドラマを受けての企画と発売だったと思われるのである。

　このテープ版は、脚色・鈴木俊平、出演・平幹二朗、佐久間良子、緋多景子。全編、ところどころＢＧＭやＳＥが入りつつ脚色された本文を平幹二朗が朗読するのがメインで、要所要所の台詞が平（清顕）、佐久間（聡子）、緋多（蓼科）によって演じられているというものである。単行本『春の雪』定価の約十五倍の定価九千八百円、全五巻で約五時間の録音だが、いまでいうメディア出版でもあり、当時比較的新しいカセットテープというメディアを使って、ラジオドラマというメディアがある程度根付いている戦後のメディア的土壌を踏まえて打ち出されたものと思われるが、その後音源化もされることもなく埋もれたままになってしまっているのはいかにも惜しい。

## 5

　ことほどさように、「春の雪」は単行本刊行以後、そのヒットを追いかけるようにテレビで企画が上がり、東宝現代劇として舞台となり、また舞台のロングランを受けて鳴り物入りでテレビドラマとなり、テレビの話題を受ける形でテープ化されて発売された。これが昭和四十四年から翌年にかけてのちょっとした「春の雪」ブームである。本論は、いかような形でそれらが喧伝され、上演や放映がどのように受容されてきたかを当時の新聞雑誌記事の言説を中心に取り上げながら、「春の雪」のアダプテーションがいかようなものとして連鎖していったのか、そのアダプテーションの生態ともいうべき一面を明らかにしようとしたものである。

といって、では「豊饒の海」自体はブームにならなかったのかといえば、「奔馬」ブームや「暁の寺」ブームは起きなかったしアダプテーションも実現されなかった。「春の雪」は「豊饒の海」四部作の中でも独立した受容現象があったのである。まだ台本は公刊されてないが、ウェブスター演出の舞台「豊饒の海」も、実際に観劇した限りでは「豊饒の海」全体の劇化でありながら、それは「春の雪」に比重が置かれたものであった。出演者のヨシ笈田による三島生前の思い出が種々のメディアで語られ(42)、前後しての「命売ります」の舞台化や年をまたいでの「オペラ金閣寺」、「熱帯樹」の上演と続く、ちょっとした三島作品上演の盛り上がりのなかで(43)、「豊饒の海」舞台化がどのような役割を果たし、他作品と相関関係を持っていたのか。内容の検討はもちろんのこと、そうした状況的な布置をも含めたうえで改めて「豊饒の海」演劇化については考えなければならないだろう。単純な原作との比較だけで作品の優劣は語ることはできない。それでは原典を頂点とする位階の下での神学論争めいた不毛な陥穽から抜け出すことは出来ないだろうからだ。アダプテーションが〈複製なき反復のひとつの形式〉(44)であるとしても、その反復にはそれぞれ反復されるべきいまという個別的な地平があるのであって、そのうえでの創造的批評としてそれらはどのような意味を持つかを考えなければならないからである。

（大学非常勤講師）

註

1 渡辺淳悦「現代の感性を世界に発進するフランクフルト—ウィリアム・ファーサイスの場合」（『フランクフルト・バレエ団日本公演Ⅱプログラム』平5・2）、37頁。

2 パルコ製作「豊饒の海」、紀伊國屋サザンシアター（平30・11・3〜12・2）、森ノ宮ピロティホール（同12・8〜9）。

3 対談「映画と文学のあいだ」（「改造」昭28・12）。

4 Mieke Bal, *Quoting Caravaggio: Contemporary Art, Preposterous History*, Univ. of Chicago Press: Chicago, 1999. 本書については、井上隆史氏にご教示を得た。

5 その意味では、ハロルド・ブルームの提唱する先行作品からの影響の不安を乗り越えるための意図的な誤読という見方もまたアダプテーションのひとつのあり方として考えることもできよう。ハロルド・ブルーム（小谷野敦他訳）『影響の不安—詩の理論のために』（新曜社、平16・9）参照。

6 田中洋子「輪廻転生の諸相—浜松中納言物語と中国歴史物語にみる」（「人文・自然・人間科学研究」平25・3）、森正人「転生譚をめぐる事実と虚構—浜松中納言物語・豊饒の海の夢と記憶」（「文学部論叢（熊本大学）」平26・3）参照。

7 木谷真紀子「『豊饒の海』からの独立—演劇と映画の『春の雪』」（「芸術至上主義文芸」平30・11）、75頁。

8 「天人五衰」については、HAGOROMO プロジェクト（演劇編）による語りと演奏とダンスのコラボレーション「天人五衰」（木村繁脚色演出、静岡市清水文化会館、平

29・2・17～18）がある。

9　木谷前掲、76頁。

10　漫画単行本（主婦と生活社、平18・2）帯には映画の宣伝が印刷されている。また、巻末に〈公開が迫る中、ぜひコミック化をとの話が持ち上がる。三島由紀夫の遺族サイドが、コミック化にあたって出した唯一の要望は、〝ぜひ、池田理代子先生で〟とのことだったという〉（２０５頁）という無署名の記載がある。

11　奥付発行日は五日だが、「毎日新聞」は八日朝刊に「本日発売」として『春の雪』出版広告が掲載されている。ただし「朝日新聞」には九日朝刊に掲載。

12　藤田昌司「一月の出版から」（「新刊展望」昭44・1）、30～31頁。

13　無署名「『春の雪』初版本を探せ！」（「週刊読売」昭44・3・14）、33頁。後に十月初版の本にはノーベル文学賞受賞と印刷した帯もあったとする証言も出てきたが（城市郎「三島由紀夫埒外本拾遺」「彷書月刊」平2・12）、噂の域を出ない。

14　犬塚潔『三島由紀夫著「豊饒の海」の装幀の秘密』（私家版、平26・1）、7頁。

15　インタビュー記事「書いたあとさき―著者にきく」（「福島民報」昭44・1・6夕ほか）。「新刊ニュース」（昭44・2・15）も、巌谷大四の連載「現代作家の人物像」で三島を取り上げている。

16　前掲「『春の雪』初版本を探せ！」。

17　『新潮社一〇〇年』（新潮社、平17・11）、５３６頁。

18　十万部突破記念の著者四部本については新潮社の社内資料を調査した拙稿「三島由紀夫の著者四部本」（「初版本」平19・7）参照。

19　藤井浩明「あとがき」（市川雷蔵『雷蔵、雷蔵を語る』朝日文庫、平15・9）によれば、昭和四十四年四月頃に藤井と雷蔵は〈三島さんの『春の雪』を舞台でやろうと話し合った〉（４０３頁）とある。後述する国際放映のテレビ映画企画書をも含めて、単行本刊行後に種々のアダプテーションがそれぞれ練られていたと推測される。

20　川口松太郎「初心に帰る春の雪」（「日生劇場公演プログラム『春の雪』」、昭48・1）、10頁。

21　無署名「劇作家重役菊田一夫氏復活へ」（「報知新聞」昭44・3・18）、10面。

22　無署名「「春の雪」で初舞台」（「報知新聞」昭44・4・25）、14面。同紙翌日の無署名「「春の雪」で初舞台の佐久間良子」が二十五日に東宝本社で記者会見が行われたと明記している。

23　無署名「佐久間良子コチコチ」（「報知新聞」昭44・8・7）、10面。

24　無署名「舞台で激突〝人気と意地〟」（「夕刊フジ」昭44・9・14）、11面。

25　無署名「芸術座『春の雪』ロングランが内定」（「東京新聞」昭44・9・16夕）、4面。

26　七年ぶりというのは昭和三十七年三～五月の「放浪記」凱旋公演のことか。無署名記事「初舞台で4ヶ月ロングラン」（「デイリースポーツ」昭44・9・21）、9面。

27　無署名「佐久間良子好評の初舞台」（「報知新聞」昭44・9・7）、10面。初日以後か再度訪れて観劇後に楽屋で主演の二人にコメントを出す写真入りの無署名記事「三島由紀夫芸術座の『春の雪』へ」（「東京新聞」昭44・9・8夕、6面）もある。

28　前掲「初舞台で4ヶ月ロングラン」。

29　半田進康「佐久間良子の初舞台を見て」（「報知新聞」昭44・9・7）、10面。

30　前掲「書いたあとさき―著者にきく」。

31　無署名「今年は小百合の年」（「サンケイスポーツ」昭45・1・11）、9面。

32　木谷前掲、82頁。木谷が紹介しているのは早稲田大学演劇博物館所蔵のもの。

33　無署名「テレビでも「春の雪」海老蔵と吉永で」（「読売新聞」昭45・1・31夕）、5面。

34　無署名「上流社会の華麗な恋」（「報知新聞」昭45・2・27）、16面。

35　無署名「フジ「春の雪」吉永小百合と海老蔵」（「報知新聞」昭45・2・16）、15面。

36　大橋義輝『おれの三島由紀夫』（不死鳥社、昭46・2）は、撮影当時フジテレビ社員であった著者がタイトルバック撮影に源氏物語絵巻を貸与したエピソードや撮影時に時代考証の坊城俊民の指摘で発覚した「春の雪」本文中の誤りなどを紹介している。

37　な「華麗で重厚な絵巻仕立て―試写室」（「読売新聞」昭45・2・27）、17面。

38　雪女郎「海老蔵の『春の雪』」（「演劇界」昭45・4）、64頁。

39　ビデオリサーチによる放映時の関東、関西、名古屋地区での視聴率ベスト20を見ても、「春の雪」は入っていない。「週刊TVガイド」（昭和45・3・27～4・24）掲載の「番組視聴率ベスト20」を参照。

40　無署名「テープで文芸作品を」（「サンケイスポーツ」昭45・2・22）、9面。

41　ラインナップについては、前掲「テープで文芸作品を」、無署名「九千八百円の〝樅ノ木は残った〟」（「週刊新潮」昭45・2・14）、無署名「カセット・テープになった「樅ノ木」」（「週刊TVガイド」昭45・3・13）の各記事を参照。テープ版「春の雪」広告は、例えば「サンケイ新聞」（昭45・5・1）以降複数回掲載されている。

42　例えば、インタビュー記事「60年に及ぶ三島由紀夫との縁」（「定年時代」平30・11）、「一語一会」（「朝日新聞」平30・11・29夕）、「ひと笈田ヨシ」（「すばる」平31・2）など。

43　パルコ「命売ります」（平30・11・24～12・9サンシャイン劇場、12・22森ノ宮ピロティホール）、東京二期会オペラ劇場「オペラ金閣寺」（平31・2・22～24東京文化会館）、世田谷パブリックシアター「熱帯樹」（平31・2・17～3・8シアタートラム、3・12～13兵庫県立芸術文化センター阪急中ホール、3・16～17東海市芸術劇場大ホール）。

44　リンダ・ハッチオン（片淵悦久他訳）『アダプテーションの理論』（晃洋書房、平24・4）、xii頁。

特集　豊饒の海

# 『豊饒の海』における老い

細谷　博

## 1

『豊饒の海』には、夭折とともに老いがにじんでいる。老いは、あたかも夭折者に添えられた刺身のつまのように、わずらわしく箸にからまり続けるが、やがて読者はそれこそが滋養に富んだ、読み応えある小説のたまものでもあることに気づかされるだろう。

　女は顔を斜めにあげた。顔を見て、本多は怖れた。黒い髪が鬘であることは、不自然な生え際の浮み具合からすぐにわかり、両眼の窪みも皺も深く埋もれるほどに塗り籠められた白粉から、宮廷風な、上唇を山型に下唇をぼかして塗つた口紅の臙脂が鮮やかに咲き出てゐる。その言語を絶した老いの底に、蓼科の顔があつた。〔中略〕さるにても蓼科の老いはすさまじかつた！　その濃い白粉で隠されてゐる肌には、老いの苔が全身にはびこり、しかもこまかい人間的な理智は、死者の懐ろで時を刻みつづける懐中時計のやうに、なほ小まめに働いてゐるのが感じられた。（『暁の寺』二十一）

かつての綾倉家の女中蓼科は、戦時下の本多の前に再び現れ、深まる老いを執拗な描写によって晒されるのだが、その言動にはなおも「理智」が覗き、滑稽かつしたたかな存在感を放っている。

「本年とつて九十五歳に相成ります。お蔭様で、耳は多少遠うございますが、何の持病もなく、足腰も達者で、このとほり、杖さへ持てばどこへでも一人で出かけられます。〔中略〕いつどこで果ててもよい身でございますから、気ままに出られるあいだは、出歩きたいと思つております。空襲なんぞ、怖ろしいことはございません。爆弾だらうと、焼夷弾だらうと、当つてくれれば、人に迷惑をかけずに楽に死ねます。当節道端にころがつてゐる死体を見かけますと、おかしな申し様でございますが、羨ましい気がいたすのでございますよ。〔後略〕」（同前）

いかにも達者な老人の言葉であり、高齢化した今日ではそれこそ現実感に満ちた述懐として聞こえるだろう。ただし、そこには、三十年前聡子と清顕の仲を取り持った頃から「この世に安全なものなどないといふ哲学」(『春の雪』三十七、十)としてたくわえられた姿勢があり、蓼科は第一巻『春の雪』ですでに「老女」として異彩を放つ存在だったのだ。

それに対して、本多はここで、四十七歳にして「若さも力も無垢な情熱も、肉体と精神のいずれにも残つていなかった。あと十年もすれば死の準備をせねばならぬだらう」(『暁の寺』十二)などと思う、いまだに夭折した友が忘れられない、裁判官くずれの弁護士となっているのである。

『豊饒の海』は、夭折者の輪廻転生の謎を追い、唯識論の理路をたどって阿頼耶識の働きに迫ろうとする探究を描くが、その小説的実質の拠り所は探究者である本多にこそあるというべきだろう。すなわち、『春の雪』での清顕の夭折の後、『奔馬』、『暁の寺』、『天人五衰』と巻を経るにしたがい、徐々に本多の生が物語の軸を動かすものとなり、『豊饒の海』はいつしか本多の遍歴譚となっていくのである。

はなばなしい夭折者達は順次消え去るが、本多は残り、世界と人間の変容を見とどけようとする。それは認識者をもって任じる本多の生き方そのものであるが、同時にまた、小説世界の動きを担う者としてその生の持続は不可欠であり、老いはそこですでに定められたものとしてあるのだ。

## 2

では、本多はどのように老いていくのか。

第二巻『奔馬』は、昭和七年から始まり、まずは本多の裁判官時代が描かれるのだが、それは小説的魅力に満ちた部分となっている。本多は三十八歳で、妻梨枝と大阪に暮らし、大阪控訴院の刑事事件専門の判事である。子は無いが夫婦仲は睦まじく、俸給にも余裕があった。

本多は自分の生活にもはや波瀾はなく、世間にどんな風が吹かうが、自分には整然とした法体系の網目でそれを掬ひ上げてゆくほかの仕事はないと感じてゐた。彼はすでにはつきりと論理の世界に属してゐた。夢よりも現実よりもたしかなのはそれだけだつた。(中略)そして彼は三十八歳になつた。生きたといふには妙に軽々しく、若さにとつては不本意な死を引きずつてゐる年齢。経験はかすかに腐臭を放ちだし、新奇な歓びは日ましに乏しくなる年齢。どんな愚かしさからも急速に美しさの薄れてゆく年齢。(『奔馬』二)

かつての「有為な青年」はこうして苦味を含んだ中年となり、仕事と生活の安定のただ中で「すべてのものが手に入つた」(同前)と思うに至る。五・一五事件の号外に接しても、「世間の人間が暗い顔で時世を慨くあの月並さ」から離れ、「澄明な世界に属してゐるといふ自負」(同前)を持しているのだ。大阪控訴院に勤務する本多の造形は入念であり、小説読者に一裁判官の生活と意見の活写を読み続けたいと思わせるだけの力あるものとなっている。だが、『豊饒の海』はそんな読者の安逸を破り、本多の生を激変させるのである。

　大阪名物の赤煉瓦の裁判所の塔に登った本多は、「『俺は高みにゐる。目のくらむほどの高みにゐる。しかも権力や金力によつて高みにゐるのではなく、国家理性を代表するばかりに、まるで鉄骨だけの建築のやうな論理的な高みにゐるのだ』」(同三)と確信し、「正義の高み」から「大蔵大臣が射殺され、総理大臣も射殺され、赤色教員は大量に検挙され、流言蜚語は飛び交はし、農村の危機は深まり、政党政治は瓦解の一歩手前」(同前)にある現世のすべてを鳥瞰している。しかし、これほどのニル・アドミラリの域に達したはずの本多が、剣道着の若者飯沼勲のファナティックな「雄叫び」に、一瞬にして打たれてしまうのである。

　　飯沼少年が最初の雄叫びをあげた瞬間に、かうして三十八歳の裁判官は、その叫び自体が矢尻のやうに少年の胸深く刺つて残つてゐる、鋭いささくれた痛みにまですぐに思ひ至つた。(同四)

　このいささかロマンティックに過ぎる成り行きをどう読むべきか。読者は戸惑いながらも、たしかな落ち着きを得た本多の衝撃を通してこそ、「裂帛《れっぱく》の気合」(同前)が伝わるのだ、などと納得することも可能かもしれない。

　しかしながら、衝撃はそれにとどまらないのだ。勲に清顕と同じ三つの黒子があるのを見た本多は、たちまち平衡を失って、「こんな心のおののきを手に入れたからには、今まで自分の理性に縛められてゐた確信を、のこらず擲つても悔ひない心地がした」(同六)とまで思うのである。

　ほんの数十頁前には「何を目にしても耳にしても、眉一つ動かさぬ修練を終つてゐた」(同三)とあったことを思えば、これはいかにも唐突で、滑稽とも見える事態である。まさに、いい年をして「莫迦げたことだ」(同十九)、と思えるのだ。

　　もしかすると、よみがえったのは本多自身であったかもしれないのだ。あのやうな精神の氷結、あのやうな整然たる死から、幾千幾万の頁が閉じこまれたファイルのやうな無関心の苦痛から、「自分の若さは過ぎ去つた」といふ永遠にくりかえされる繰り言から。(同六)

だが、あらためて考えてみれば、こうしたロマンティシズムは、安定そのものとみえる年齢の中でこそ密かに保持されるべきものであり、むしろ、そうした稚気を保ち得るほどの安定がそこにあるのだ、といえるかもしれない。要はそれを出すか出さぬかの違いに過ぎないのだ、と。本多はそれをむろん身の裡に抱えこむのだ。たとえ、いささか興奮気味の作者が、ここでそれを迂闊にも晒してしまったとしてもである。「若さは過ぎ去つた」という繰り言からの解放は所詮一時であり、老いは決して去りはしない、とやがて思い知るために。

ここには、自立した大人の真率と滑稽とが露呈されているのである。

　さらにまた、勲が密告によって逮捕され、本多が判事の職を投げ打って勲の弁護を開始するのも、およそ世にありそうもないことと見えるだろう。

　われにもあらずロマンティックな病に侵された男を見る目が、かうした理性を職業とする世界の尊敬の目であらう筈はない。国家的正義の見地からすれば、罪とは云はぬまでも或る「不健全な」ものに彼が犯されたことはたしかだからだ。／しかしこの事態におどろいたのは、誰よりも本多本人だつた。すでにわがものと化してゐた法律的正義の、目のくらむほどの高みに営んでゐた鷲の巣が、よもやここへ来て夢の洪水、詩の浸潤におびやかされやうとは！（同二十一）

　大阪の元裁判官達が『奔馬』を読み、赤煉瓦の裁判所勤務の日々を懐かしんでいると聞くが（三島は見学した庁舎を丹念に描いているのだという）、彼らはこうした部分を一体どう読むのだろうか。むろん、小説中の一コマとしてごくあたりまえに読んでいるにちがいない。われわれ読者がそうであるように。そして、こうした中年の稚気や「詩の浸潤」（「！」までが付されたそれ）も、さらにはまた、われわれ読者の良識に満ちた厚顔までもが、来るべき老年の目には、何ら変哲もないものと映るはずなのである。

　勲は、中年の本多の前にひたむきな若者として現れ、本多は、右翼塾頭である父飯沼も連なる「常凡」（同七）のただ中で、「つねに眥《まなじり》を決してゐる」（同八）勲の目を見つづけるのである。その『神風連史話』に酔い蹶起を企む様も、同じく本多の目の前に置かれているのだ。

　そもそも第一巻『春の雪』での、美青年の友に対する思い入れの過剰からして、法曹を目指す本多にはふさわぬものと見えたのだ。だが、夭折した清顕の再生を希いつづけることこそが、小説『豊饒の海』の持続には必要だったのである。もとより輪廻転生の夢は、『豊饒の海』全編の不可欠な動因であったのだ。

　『奔馬』では、青年期の本多の「もう百年もたてば、われわれは否応なしに一つの時代思潮の中へ組込まれ、遠眺めされて、当時自らもつとも軽んじたものと一緒くたにされて、そういふものとの僅かな共通点だけで概括される」（『奔馬』十九）のだ、という思考が呼び起こされる。そんな透徹した歴史認識をもった本多の前で、能の「松風」の「汐汲車わずかなる浮世に廻るはかなさよ」という詩句が謡われ、「一回性《アインマーリヒカイト》」（同前）の美が、「あれは何だらう」いう問いかけとともに（小林秀雄「当麻」のそれを想起させつつ）、しばしの間あらわれるのである。

　時の流れは、崇高なものを、なしくずしに、滑稽なものに変えてゆく。何が蝕まれるのだらう。もしそれが外側から蝕まれてゆくのだとすれば、もともと崇高は外側をおおい、滑稽が内奥の核をなしてゐたのだらう。あるいは、崇高がすべてであつて、ただ外側に滑稽の塵が降り積つたにすぎぬのだらうか。(同前)

むろん、そこには外側も内側も無く、崇高も滑稽も無いことは自明である。こうした観念的認識の一切をこえて美はあらわれるのだ。かつての清顕の美も同様である。それは崇高であれ滑稽であれ、まさに「汐汲車」の一回転に過ぎぬものと見えるのだ。だが、本多はなお諦めることなく、勲にもさらなる美の体現を見ようとするのである。そして、小説『豊饒の海』もまた、「汐汲車」のはかない美の受容だけではおさまらぬものに駆られて、不断に物語を紡いでいくのだ。

一方ここでは、「思想を一つの臭みとして」(同三十一)身につけたという勲の父飯沼の存在にも目を向けるべきだろう。夭折者清顕を「若様はああいふ生涯を送られるのが一番自然で、一番天意に叶つてゐたのかもしれません」(同前)と受け止め、「勲などは、親相応の子でして、年も若いし、時代もこんなですから、ああいうことを仕出来したのであります」(同前)と、父としての述懐をする飯沼は、目に「危険な潤み」(同前)も見せているというのだ。同時に、その息子を密告した老獪な判断の奥に、「嫉妬」(同前)までを読み取らせる強引さも、小説『豊饒の海』はもっているのである。

さらには、飯沼が過去の妻の松枝侯爵との関係を今もなお許していない、と本多によって直感される場面(同三十八)もまた小説的な見どころであり、『奔馬』の飯沼とみねの夫婦関係は、『暁の寺』での本多と梨枝夫婦の難事の先触れとも見えるのである。

## 3

第三巻『暁の寺』の第一部は昭和十六年から始まり、本多は四十七歳となる。

『暁の寺』のタイとインド行きのくだりも、読者を楽しませてくれる上質な部分であり、作品のたまものといえるだろう。五井物産から訴訟事件の依頼を受けて弁護士としてタイに滞在した本多は、勝訴を勝ち取ってからインド行きを希望する。二代目のジン・ジャンの出現するタイの異国情緒や、ヒンズーの神や「聖牛」(『暁の寺』八)が現れるベナレスの「この世の果て」(同前)の様が読者の前に巧みに披露された後で、さらに「仏教そのものの墓」(同九)アジャンタへの旅が続き、そこでは、清顕が再会を約した滝までもが見出されるのだ。

そして、帰国後の本多が日米開戦の最中、かつて月修寺の老門跡に聞いた唯識論を学び直そうとすることから、単なる自我を超えた阿頼耶識が作品前面に浮かび上がってくるのである。

本多の思念の中では、「世界は存在しなければならないのだ！」（同十九）という断言が繰り返され、「迷界としての世界」（同前）が存在するのは悟りへの機縁だからであり、それは阿頼耶識の「道徳的要請」（同前）によるのだとされる。すなわち、阿頼耶識は道徳的要請の源であり、阿頼耶識と世界は相互に依拠するものなのだという。そして、刹那こそが実有であるからには、世界の一切を顕現する阿頼耶識も刹那にこそ存在するのだ、と本多は「辛うじて」（同前）理解するのである。そこには、世界構造は「阿頼耶識の種子を串に」して「無限の数の刹那の横断面」すなわち「輪切りにされた胡瓜の薄片」をたえず「貫いては捨て、貫いては捨てるやうな形」（同前）なのだ、とする興味深いたとえも示されている。

　唯識の本当の意味は、われわれ現在の一刹那において、この世界なるものがすべてそこに現れてゐる、といふことに他ならない。しかも、一刹那の世界は、次の刹那には一旦滅して、又新たな世界が立ち現れる。現在ここに現れた世界が、次の瞬間には変化しつつ、そのままつづいてゆく。かくてこの世界すべては阿頼耶識なのであった。（同前）

世界のすべての「種子」を蔵し、一瞬もとどまらぬ「無我の流れ」（同十八）として刹那を貫き、同時にまた、その不断の刹那のすべてでもある阿頼耶識というイデアは、その難解さ、感得し難さによって読者を引き付けるが、日々老いていく者にとって、それは変遷し続ける世界をまさに「辛うじて」了解するための得がたい手がかりか、とも見えてくるのである。

　昭和二十年六月、焼址の中で本多は、まるで己の輪廻転生の研究が「焼址を顕現させるため」（同二十）の企てであったかのように感じ、「破壊者は彼自身だつたのだ」（同前、傍点原文）と思うまでに至る。戦時下の衰亡の中で、本多は阿頼耶識による「全的滅却」（同前）の認識を保持しようとするのだ。

　見わたす限り、焼け爛れたこの末期的な世界は、しかし、それ自体が終りなのではなく、又、はじまりなのでもなかつた。それは一瞬一瞬、平然と更新されてゐる世界だつた。阿頼耶識は何ものにも動ぜず、この赤茶けた廃墟を世界として引受け、次の一瞬には又忽ち捨て去つて、同じやうな、しかし日ごと月ごとにますます破滅の色の深まる世界を受け入れるにちがひない。（同前）

ここには、災禍に対してひたすら認識によって立ち向かおうとする姿勢がある。

　一方でまた、この「末期的な世界」は、『春の雪』冒頭で清顕によって見られ、本多によって繰り返し想起された（『暁の寺』十二）、日露戦下の「得利寺附近の戦死者の弔祭」の写真にもつながってゆくだろう。

　そのほかはみんな兵隊、何千といふ兵隊だ。（中略）そして、左奥には、野の果てまで巨大な半円をえがく無数の兵士たち、もちろん一人一人と識別もできぬほどの夥しい人数が、木の間《こま》に遠く群がつてつづいてゐる。〔中略〕すべては中央の、小さな白い祭壇と、花と、墓標へ向つて、波のやうに押し寄せる心を捧げてゐるのだ。野の果てまでひろがるその巨きな集団から、一つの、口につくせぬ思ひが、中央へ向つて、その重い鉄のやうな巨大な環を徐々にしめつけてゐる。〔中略〕悲哀は、限りがないやうに思はれた。(『春の雪』一)

近代戦の膨大な死者に対する鎮魂が奏でられたくだりである。それは、静謐にしてなお地鳴りのような響きとなって、『豊饒の海』全編を貫いている。

災厄は繰り返し現れ、人は老い朽ちて行く。その廃墟の中で本多は、すでに述べた老女蓼科と再会するのである。彼女の渡す「大金色孔雀明王経」が、カーリー神を焼址上空の夕焼雲に幻視させる場面(『暁の寺』二十二)も、みごとに滅亡のイメージを浮かび上がらせているのだ。

こうして、鎮魂を大きな輪廻の流れへと合流させ、人間の意志と関わりなく変転する歴史が悲劇的な美として高められる様も、まさに文学のたまものであるといえるだろう。

4

『暁の寺』の第二部は、昭和二十七年から始まり、本多は五十八歳になっている。

新憲法による改革で明治以来の行政訴訟に勝ち三億六千万円もの報酬を得た本多は、御殿場に別荘を持って生活を根柢から変え、己の「悪」を強く意識するに至る。いよいよ本多の老いの露呈である。

四十代まで、年齢の貸借対照表の帳尻に敏感であつた本多の心は、今や年齢について、実にぞんざいな、無頼な考へを持つやうになつてゐた。五十八歳の肉体の裡に、時あつて子供らしい心が、歴々と残ってゐるのを見出しても愕かなかつた。老いといふものは、いずれ一種の破産宣告だつたからである。/健康についてはいつも人一倍臆病になり、感情については放恣を怖れなくなつた。理性が抑制の機能であるなら、その緊急な必要は去つたのだつた。そして又、経験は、皿の上の食べ滓の骨にすぎなかつた。(『暁の寺』二十三)

老年の心事の看破がここにある。四十代半ばの作者の慧眼に敬服しつつも、そうした看破さえもはや驚くに足りぬと思う「ぞんざいな」考えも、老年の読者の心には湧くだろう。ただし彼らは、それをしも、もはや感情も理性もあてにはならぬ老いの「放恣」によるとする言に頷くのだ。

本多は、「自分も亦、自分の予期しないことを仕出かすかもしれない」(同二十五)などと思いつつ、富裕になった夫の傍らで頑迷さと持病を抱えた妻梨枝を伴っている。さらにそこには、別荘仲間で女丈夫の久松慶子や、世に知られた名流歌人、息子の戦死を悼み続ける財閥夫人、「性の千年王国《ミレニアム》」

（同前）を夢見る蒼白いインテリの独文学者、今や退屈な客となり果てた元男爵等々、年齢も様々に衰えを抱えた面々が登場する。

本多は、人生の終末近く財をなして自足した男のごとくありたいと願いつつも、なお「若さから窃みうるこよない宝」としての「不安」（同三十二）を持している。エロティシズムに駆られ、その極致を永遠の不可知である「死」と知りつつ、窃視者となり、二代目のジン・ジャンの熱帯育ちの体に引かれるのだ。

ごみ箱のやうなこの世界の中から、彼はジン・ジャンを拾い出し、まだ指一本触れてゐない少女のために悩んでゐた。彼はこの痴愚を高めに高めて、自分の性慾と星辰の運行との相接する接点を求めてゐた。（同四十一）

ここで注目すべきは、妻梨枝である。まとまった視点を与えられた妻の像は、すぐれた存在感を持っている。かつては「決して良人の内面へ探りを入れて来やうとしたりはしない女」（『奔馬』三十一）であったはずの妻も、今や「どこまで良人が似合はぬ所業を究める気か」（『天人五衰』四十二）と興味を持つまでに変じているのだ。夫を疑う妻は、「本多が家を出ると俄にいきいきする。本来なら、不明の外出先が心にかかる筈なのに、本多がそばにゐないと、却つて自分にとつてもつとも親しい不安と怒ろに」なれるのであり、それは「嫉妬」が「自由の根拠になつた」（同三十八）状態とされるのである。

プール開きの日に、本多は、水の反映に照らされた妻の咽喉元の老いを眺めて焼址で再会した蓼科を思い出すが、さらに、妻が嫉妬するジン・ジャンの来訪に平静でいることに「愕く」（同四十二）のである。

本多は妻がそのとき、曽て見も知らぬ苦いしたたかな女に変りつつあるのに気づいてゐなかつた。不機嫌や黙りがちの探索で彼を苦しめてゐた間の梨枝は、実はまだその蛹にすぎなかつた。（同四十二）

あたかも、ラディゲの『ドルジェル伯の舞踏会』末尾で、妻マオの変貌に気づかぬドルジェル伯のように、本多は妻の吊り上がった声を聞き、妻が「永年もつとも憎んできた筈の浮華」が「声にも言葉にもにじんでゐ」（同四十三）ることにあらためて驚かされるのだ。

本多は慶子とジン・ジャンの同性愛の様を盗み見、ジン・ジャンにも三つの黒子を見出すが、窃視を妻に見られてしまう。そしてその夜、別荘は火事となり、本多にベナレスの焔を想わせる中、男女の仲となった独文学者と財閥夫人は焼死する。さらに十五年後、本多はジン・ジャンの双生児の姉から、二十歳のジン・ジャンがタイでコブラに咬まれて死んだことを告げられて、『暁の寺』は終るのである。いかにも目まぐるしい運びだが、錯綜した細部には人間の変容が克明に捉えられているのだ。

5

第四巻『天人五衰』は、昭和四十五年から始まる。まず登場するのは、海に向かって船の航行を見張る十六歳の安永透であり、本多はすでに妻を亡くして、七十六歳である。「何といふ須臾《しゅゆ》だらう。十六歳の本多と、七十六歳の本多との間には、何事も起らなかつた」（『天人五衰』七）と感じ、「どんな邪悪の戯れもゆるされる年齢」（同二十一）だと自覚した本多が透とめぐり会うのだが、透に自分と相似の「悪」を見つつ、また「精巧な贋物」（同十二）ではないかとも疑いながらあえて養子にするのである。

本多との出会いの後には、再び透の見る海が描かれている。そこで「遠いところで美は哭いてゐる」（同十三）と感受する透の目によって見られた波の描写はみごとな散文詩となっているが、その末尾には「死」が看取されている。

　さうだ。砕けるときの波は、死のそのままのあらわな具現だ、と透は思つた。さう思ふと、どうしてもさう見えて来る。それは断末魔の、大きくあいた口だつた。（中略）臨終の海が大きくあけた口の中へ、死が急速に飛び込んでくる。かうして無数の死を露骨に見せることをくりかえしながら、そのたびに海は警察のやうに大いそぎで死体を収容して、人目から隠してしまふのだつた。（同前）

そしてさらに、ここで透は「見るべからざるもの」（同前）を見るのだ。「顎《あぎと》をひらいて苦しむ波の大きな口腔の裡に、ふと別な世界が揺曳したやような気がした」といい、「透の目が幻影を見る筈はないから、見たものは実在でなければならない」（同前）ともされるのである。これは一体何か。この「たしかに一度見た場所」であり「測り知られぬほど遠い記憶」と関わる「過去生」として見られた「別な世界」（同前）とは、三つの黒子を持ちつつも「贋物」とされる透に付された別種の生の印とも見えてくるだろう。

対するに、老人本多の老いの自意識もまたみごとに語られている。

　老いてついに自意識は、時の意識に帰着したのだつた。（中略）一分一分、一秒一秒、二度とかへらぬ時を、人々は何といふ希薄な生の意識ですりぬけるのだらう。稀覯の葡萄酒の濃密な一滴々々のやうな、美しい時の滴たり。……さうして血が失はれるやうに時が失はれてゆく。あらゆる老人は、からからに枯渇して死ぬ。ゆたかな血が、ゆたかな酩酊を、本人には全く無意識のうちに、湧き立たせてゐたすばらしい時期に、時を止めることを怠つたその報ひに。（同十六）

夭折を逸した老人は、「俺は時を止めることができずに、ただタクシーを止めつづけてきたのかもしれない」と苦い諧謔でぼやきつつ、透に転生を望みながら、同時にまた、「詩もなく、「至福もなしに」（同前）生きて夭折を回避させようともするのである。

こうして、似た者同士の二人は、卑俗を見下しつつ、邪悪な青春と老いを生きるのだが、やがて反目し合う。潔癖症でありながら腋に汗する透は、老醜の本多を嫌うのだ。昭和四十九年、八十歳になった本多は卑屈になり、透は東大入学後にわかに邪険になって暴力を振るうのである。

いよいよ老人が嫌ひになつた。その醜悪で無力な肉体、その無力を補う冗々《くだくだ》しい無用のお喋り、同じことを五へんも言ふうるさい繰り返し、繰り返すごとに自分の言葉に苛立たしい情熱をこめて来るオートマティズム、その尊大、その卑屈、その吝嗇、しかもいたわるに由ない体をいたわり、たえず死を怖れてゐる怯懦のいやらしさ。何もかも恕してゐる素振り、しみだらけの手、尺取り虫のやうな歩き方、一つ一つの表情に見られる厚かましい念押しと懇願との混り合ひ、……そのすべてが透は嫌ひだつた。しかも日本中は老人だらけだつた。（同二十六）

こうした若者による老人呪詛はユーモラスで爽快でさえある。たとえ彼が、老人はもはや死を怖れてはいないと知らぬのだとしても。

透の暴虐を二十歳での夭折までと思って耐える本多は、もし透が「贋物」で生き延び、自分が老衰で死ぬとしたら、と恐れることで、皮肉にも再び色情にかられて老窃視者となり、神宮外苑で障害事件に巻き込まれて週刊誌種になってしまう。一方、これを機に本多を準禁治産者として葬ろうとする透に対しては、七十歳になる女丈夫の慶子が転生の秘密を明かし、その自負をへし折るのだ。「あなたは歴史に例外があると思つた。例外なんてありませんよ。人間に例外があると思つた。例外なんてありませんよ」（同二十七）と諭された透は自殺を企てて失明し、二十歳を越えるのである。透の自我は崩れ、その腋下の汗は「五衰」の印とも見えてくるのだ。そして、準禁治産宣告を免れた本多も衰えていく。

ここに至って透と本多は、夭折を逃し、自意識という悪を抱えつつ衰えることで、さらに相似た者となるのである。二人は共に「他人など何者でもない」（同二十一）という強固な自意識によって、自我崩壊と老いの不如意に至ったのだ。

では、相似形となった彼らは共に罰せられたのであろうか。否であろう。

元来「衰へることが病であれば、衰へることの根本原因である肉体こそ病だつた」（同二十八）のであり、本多はやっと、「生きることは老いることであり、老いることこそ生きることだつた」（同前）というごく平明な「不如意の本質」（同前）に思い至るのだ。このいささか遅きに失した悟りは笑止でもあるが、さもありなんと納得できる帰結にもなっている。こうして、作者自身忌み嫌ったはずの老いが見事に剔出され、諒解されたのである。厭悪の対象でありつつ、人間の変容の実質としてつかまれたそれもまた、創作のたまものなのだといえるだろう。

最後に八十一歳の本多は月修寺を訪い、門跡となった聡子から清顕を知らないといわれて茫然とするのである。読者は、透も「贋物」とされ、聡子にも拒まれる末尾を、はたしてもの足りぬと感ずるだろうか。しかし、『豊饒の海』では、最後にこうした幻滅が置かれ、寂寞とした「記憶もなければ何もないところ」がわれわれを待っているのである。それもまた、なるほどと納得できる終焉の光景ではないだろうか。そこにはただ、蝉の声と夏の光にあふれた美しい庭があるのだ。

ここに来て、輪廻の根源たる阿頼耶識は、もともと、生き残ることを定められた本多にも、また透にも、さらには他のすべての生においても働きつづけているものであったのだとすれば、本多の追った夭折者達の二十年ごとの転生とは一体何だったのか、それは本来の輪廻とは別個の夢であったのではないか、とも思わせられるのである。

ミリンダ王に「時間とは輪廻の生存そのものである」（『暁の寺』十五）と教えるナーガセーナの声が、「時だ、時だけだよ」（『春の雪』十三）と繰り返す本多の声と重なって聞こえてくる。時はあえて止めずとも、末那識はやがて寂寞の中で絶えるのである。

（南山大学名誉教授）

## ミシマ万華鏡

山中剛史

三月に宮本亜門演出の舞台「ライ王のテラス」がＮＨＫのＢＳで４Ｋ放送された。残念ながら対応器機がないために高画質での視聴は叶わなかったが、平成二十八年の上演は観に行った。地上波ではないが、テレビ放映ということでいえば、これで三度目であろうか。片仮名にしてはあるが、「ライ」という言葉があることで放映は難しいかと思っていた。前に宮本さんにうかがったところでは、そもそも企画を立てた際に、やはり「癩」という言葉が問題になったという。では昭和四十四年の初演ではどうだったのか。

東宝の機関誌「東宝」のバックナンバーを繰ってみると、面白い記事を見つけた。当時、菊田一夫に代わって新たに演劇担当重役となった雨宮恒之による文章である。それによると、やはり初演当時も、「癩王のテラス」というタイトルに、縁起でもない、タイトルは変えさせなければと、三島に会って談判しようとしたところ、三島は猛反対、逆に三島の熱心な話に感心してしまい、今の話を短くしてくれと依頼、それをそのまま舞台のキャッチコピーとして流用したのだという。全集逸文である。

初演、三島没後の松竹による公演、その後は三条会による上演もあったものの、大劇場でのスペクタクル劇としては、宮本氏の企画と熱意がなければ、いろいろと面倒な作品として埋もれてしまっていたかもしれない。ＢＳ放送もされたことだし、ソフト化も希望したいところである。

# 『天人五衰』論——透と絹江、もう一つの物語・再考——

有元伸子

『豊饒の海』全四巻のうち、第四巻「天人五衰」（「新潮」一九七〇年七月〜七一年一月）は、単体としてさほど論じられる巻ではない。第一巻「春の雪」と第二巻「奔馬」では、それぞれ松枝清顕・飯沼勲の二人の主人公が、恋愛とテロルに命をかけて二十歳で夭折するさまが、バタイユや同時代の政治的状況、天皇との距離などの観点から種々に論じられてきた。第三巻「暁の寺」では、それまで副主人公格として一連の転生を見守っていた本多繁邦がテクストの中心にせりあがっていき、転生者とされる月光姫に内的焦点化されることはほぼない。それゆえにこそ近年、オリエントの女としての月光姫表象や松永慶子とのレズビアン表象について、諸氏により検討が進められてきつつある。

「暁の寺」と違って、「天人五衰」の語りでは、本多とともに、転生者の安永透も焦点化される。第二十四章は透の手記に充てられて、《たえずひそかに人を傷つけずにはやまぬといふ衝動》（二十）[1]にかられた透が婚約者の浜中百子を罠にかけて破談させた記録が開示される。とはいえ、透は認識者としての本多の相似形として見なされ、本物の転生者なのか贋物なのか判定不能なのかといった問題へ焦点がずらされていくことが多かった。

なによりも「天人五衰」の結末は、すなわち四巻にわたる『豊饒の海』の大尾でもある。営々と転生を見続けてきた本多が自らの死期を悟り、転生の始源であった松枝清顕のかつての恋人・綾倉聡子を奈良の月修寺に訪ねる。六十年ぶりに対座した本多に対して、聡子門跡が発した言葉の不可思議さ、《寂寞を極め》《記憶もなければ何もない》庭に誘われた本多の境地、さらに末尾に据えられた《「豊饒の海」完。／昭和四十五年十一月二十五日》という擱筆＝作者の死の日付。この結末部をどのように解読するかに『豊饒の海』研究の真価が問われるとされ、多くの論考を産出してきた。あたかも「天人五衰」は、第三十章の月修寺の場面に至る長い長い序章であるかのように。

論者自身も、「天人五衰」＝『豊饒の海』大尾をなんとか読み解こうと模索をしてきた一人ではあるものの、大尾以前の「天人五衰」も読み解くべく、かつて、「透と絹江、もう一つの物語」と題して考察したことがある。(2) 本稿では、その再考を試みたい。

## 一、リーディング公演「天人五衰」

『豊饒の海』大尾としてではない、透に焦点化された「天人五衰」の物語はありえないのだろうか。ここで、作品前半の舞台となった清水において、二〇一七年に上演されたリーディング公演の「天人五衰」を参照してみたい。

三島由紀夫は、戯曲の上演が没後なお相次ぐ劇作家であるが、作家の存命中から現在に至るまで、小説の演劇化・映像化も途切れることなく続いてきた。こうしたアダプテーションは、かつては原作（オリジナル）に対する翻案（コピー）の「忠実度」が評価尺度になりがちであったが、今日では《原テクストが異質なコンテクストに移植されて新たな生を得る過程》（野崎歓）として、(3) 創作による文化的な批評だと見なされるようになってきている。(4)

『豊饒の海』のアダプテーションとしては、「春の雪」、「奔馬」、あるいは四巻を統合した形での演劇化・映像化があったが、これらに比して、「天人五衰」単独のアダプテーションは、かなりハードルの高いものとなることが予想される。最終巻であるだけに一巻を独立させてのストーリー作りが難しいからである。そうした困難に果敢に挑戦したのが、静岡市清水文化会館マリナート主催の「ＨＡＧＯＲＯＭＯプロジェクト（演劇編）「豊饒の海」第四巻　天人五衰」公演であった。

会場のマリナートは、ＪＲ清水駅と港から至近で、ロビーからは駿河湾が見え、富士山も臨める絶好のロケーションにある。論者も開演前に三保の松原まで足を延ばしたが、作品の舞台となった地にある劇場で鑑賞することへの高揚感を強く抱いた。

舞台の概略は以下の通りである。(5)

・時間　二〇一七年二月一七日・一八日
・場所　静岡市清水文化会館マリナート小ホール
・キャスト　語り・白石加代子、二十五弦箏・中井智弥、
　ダンス・大前光市
・スタッフ　脚色・演出・木村繁、音楽・佐藤容子、
　企画・永井聡子

「百物語」など朗読公演も多くこなす現代屈指の女優・白石加代子によるリーディングと、時に伴奏として時には独立して奏でられる中井智弥の二十五弦箏、さらにリオデジャネイロ・オリンピックのクロージングにも登場した義足のダンサー・大前光市の白い衣裳に包まれた身体が、透と本多の心象を表現していく。

冒頭では、語り手として白石が、「ご挨拶代わりに、万葉

集より」と、謡曲「羽衣」の冒頭にあり、「天人五衰」第八章でも引用される「風早の、三保の浦わを漕ぐ舟の、浦人騒ぐ、波路かな」の歌を朗読する。次いで、清水の羽衣伝説と「天人の五衰」の解説をしたうえで、〝人間、生の絶頂で時を止めるべきか、否か〟が「三島版天人伝説」のテーマだと語って、本編に入っていく。(6)

リーディング版「天人五衰」の登場人物は、透と絹江、本多と慶子のほぼ四人で、透のパートと本多のパートが交互に進行する。透が追い出す家庭教師の古沢や破談に追い込む婚約者の百子など、小説で紙数が割かれる挿話も、リーディング版では割愛されていた。その代わりに、小説前半部の清水の場面が多くとられ、透の見た海の描写がたっぷりと語られる。『豊饒の海』の先行する三巻の内容、清顕―勲―月光姫については、本多の初登場場面でごく簡単に紹介されるものの、あくまでもドラマの主眼は透と本多におかれていた。〝人生の鍔迫り合い〟が鍵語として印象深く、天使を自認する透と、凡人として育てようとする本多との、父子の争闘の物語として構築されていた。白石は、変幻自在に、ときに浄瑠璃節のように様式的かつ情念をのせて、四人の登場人物と地の語りとを演じ分ける。自身の美しさを大げさに嘆く醜い狂女・絹江や、ゴージャスで我が儘な慶子の口調には、観客の間から笑いもおき、緩急をつけながら、舞台は飛翔する人間をめぐる父子の対立葛藤のテーマに収斂されていく。

安住恭子による、同公演の劇評を紹介しておこう。(7)

《白石の確かな語りに、中井のダイナミックな演奏と大前の繊細なダンスが絡み合い、難解とされる三島の世界の本質を、分かりやすく伝えた。》

《二十歳で死んだ友人を天人と思い、彼の輪廻転生を信じてきた老弁護士本多が、清水で出会った美少年透をその転生者と見抜き、養子にする。透は自身を天人と自負するが、本多は翼を隠すよう教育する。解放を求め、悪意を募らせていく透との葛藤の果てに、二人はそれぞれの世界を失い自滅する。

舞台は、その葛藤の過程を端的に描く。白石の語りは、観念的で装飾的な三島の言葉に血を通わせ、生々しい人間ドラマとして立ち上げた。天人という存在を巡る思考の数々に人間の観念のすごみと大きさを示しつつ、それでも人間世界のことと着地させたのだ。中井がその情念の明暗をドラマチックに盛り上げ、白い衣裳の大前が、時には天使に時には悪魔となる透を象徴した。

本多と透にとっての羽衣とは、観念によって強固に築き上げた幻想ということだろう。それによって二人は飛翔しようとした。だが、現実の生はそれを許さず、二人の世界は無残に崩壊する。この観念の王国の崩壊を認めたことが、三島の遺言のように思えた。》

安住が評するように、舞台は、天人をめぐる観念的な思弁を頻出させつつも、《生々しい人間ドラマ》となっていた。メタ的な冒頭と末尾にはさまれる本編部分は、本多のパートで『豊饒の海』の前巻までの梗概が紹介される他は、ほぼ小説「天人五衰」の文章を抽出・再構成しながら進行する。しかし、小説を黙読するときと違い、リーディング公演では、透の、本多によって閉じ込められた〝檻から出たい〟という心中の声を、あるいは絹江との間で交わした飛翔を妨げるものへの復讐の誓いを、あるいは本多を準禁治産者に仕立てようとしていることを慶子に指摘されたときの驚きを、強く生身に響く言葉で観客に伝えてくる。白石の、ときに身をよじり振り絞るように聞かせ、ときにコミカルでかわいらしくもある練達の語りと、音楽・舞踏の力により、まさに父子の《生々しい人間ドラマ》としての「天人五衰」が立ち上がるのである。

では、リーディング版「天人五衰」は、どのように閉じられるのか。本多の覗きの醜聞の発覚、クリスマスの夜に慶子から養子縁組の理由を聞かされた透の自殺未遂、そして一命をとりとめた透のもとへの本多の訪問。本編で扱われるのは、小説「天人五衰」の第二十八章の場面までである。ただし、本多が末期癌で、このあと奈良へ旅立つという設定はない。本多は生き延びた透と絹江を訪ね、透に天人五衰の相が現れていることが語り手によって明瞭に説明される。そして白石は冒頭と同じくメタ的な語り手の位置に戻り、〝人間、生の絶頂で時を止めるべきか、否か〟というテーマが再び示され、「三島由紀夫の「天人五衰」、これにて読みおきぬ」の宣告によって閉じられる。

月修寺での本多と聡子門跡との六〇年ぶりの対面も、「それも心々ですさかい」も、夏の日ざかりの庭も、ない。——月修寺に至ることなく閉じられる「天人五衰」は、論者にとって衝撃的であった。にもかかわらず、羽衣の松の下で繰り広げられた物語としてのリーディング版は、単独の「天人五衰」のドラマとして成立しえていた。飛翔する力をもつべきか否かをめぐる父子の争闘と、そこに介在する女たちの劇として再創作されていたのである。

## 二、「狂女」絹江と透、清水の天人伝説

リーディング公演では、ご当地・清水を舞台にした前半部に時間を割いていた。透が上京して本多の養子になって以降も家庭教師の古沢や婚約者の百子の挿話が省略されたこともあって、ドラマ全体において、透に寄り添う絹江の比重が相対的に高くなっていた。小説「天人五衰」においても、三島の創作ノートによれば、「狂女」のモチーフは、透の原型が想定されるよりもはるかに早く、三島の構想の最初から存在しており、構想のさまざまな消長を経てなおも残存した。「狂女」は、「天人五衰」の構想の核の一つと言えるだろう。《万人が見て感じる醜さ》だった絹江は、《あるとき失恋し

てから頭がをかしくなつて、半年ほど精神病院に入》り、《頭から自分を絶世の美人と決めてそれで落ち着》き、《たえず自分の美しさを嘆》き、《選ばれた者の不幸》を訴えるようになったとされる（三）。《狂気によつて》《この世の現実は、見たいものだけを見、見たくないものは見ないですますといふ、選択可能の、プラスチックなものになり》、世界を反転させたというのである。《（絹江はその美女といふ言葉を、口にいつぱい唾を溜めて吹きつけるやうに発音した）》（三）と、現実と幻想との落差から生じる滑稽さが絹江の存在には付与されている。

しかしながら、絹江の狂気の要因は、この家父長制・強制異性愛社会において、女が常に欲望される客体におかれ、性的な視線にさらされ、値踏みされることにあった[8]。見られる対象として美的であれという、家父長制において「女」に期待される要求に答えられない社会的抑圧を、それを要求する世界を自身の認識のうちに反転させることで解消しようとする。絹江は、家父長制社会において客体におかれる女の位置に、狂気という形で異議申し立てをしたのである[9]。

他方、透は、希有のＩＱの高さをもちながら、両親の死によって中卒で学歴を断たれて、信号所で働いている。社会的な格差によって恵まれない環境に置かれているにもかかわらず、透は、政治や社会矛盾に関心はもたない。《ただ自分はこの世の法律に縛られてゐるふり》をしているだけの《天使》（三）で、《この世には半身しか属してゐない。あとの半身は、あの幽暗な、濃藍の領域に属してゐた》という選民意識である。ただし、語り手はさりげなく、本多と慶子が泊まった日本平のホテルが透のアパートから見えること、透がまだそのホテルへ行ったことはなく、《贅沢な人間の贅沢な生活について何ら知るところがない》（十四）ことに触れる。さらに本多家との養子縁組の申込に際しても、透の頭には、本多よりも《透の住む世界とあまりにも肌合のちがつたあの我儘な西洋風の老婆が、けばけばしい鱗粉をふりまく蛾のやうにまつはつた》（十四）。透が自身を人間を超えた天使だと認識しつつも、政治的な関心を示さず社会に同化する擬態の姿勢は、社会的格差のある環境にあって上位の階層を見ないでやりすごすための自己防衛だということも示されるのである。

現実の社会的な疎外感を反転させて、選民意識を抱き自己神化させていく点で、透と絹江は共通する。《自分自身は何ものにも傷つかないといふ自負が、おそらくこの二人をつなぐもつとも固い絆だつた》（二十）のであり、《同じ異類の同胞愛のやうなもの》（三）が二人を結びつけていた。

こうした明確な説明に加えて、透と絹江の異類性を読者に感じさせるのが、天人の徴だとされる頭上に飾られた花である。頭上に花を戴くのは、後に五衰を示すことになる透ばかりではない。絹江は、最初の登場時から、《髪には大きな白い山梔子の花を一輪挿してゐる》（三）と髪に花を飾っており[10]、その後も登場のたびに花を頭上に載せている。これはもちろん、末尾で透の頭上の花が萎えて天人五衰の相を示すことを不自然に感じさせないように、常に髪に花を飾っている絹江が透の髪にも花を挿す習慣を設定したのであろう。だが、絹江自身が常に頭上に花を飾って天人の要素を有している点は重要であろう。

「天人五衰」創作ノートでは、当初、五人の黒子のある人物たちの生活を本多が追求する設定になっており、その中に「狂女」もいた（836頁）。五人の設定が三人に減じても「狂女」は残される（837～838頁）。さらに、《もつと単純化して、男女二体の黒子の持主。女も黒子、男も黒子。二人の間に恋が成立するか？／宇宙人的特権性と優越感の賦与。自分らはこの世のものならぬ人間だ、といふ自負》（839頁）といった設定も記され、その後も「狂女」の設定は残り続ける。現「天人五衰」テクストにおいて、絹江が黒子の持ち主だという記述はないものの、《宇宙人的特権性と優越感の賦与。自分らはこの世のものならぬ人間だ、といふ自負》は生かされており、この《男女二体の黒子の持主》の設定が、透と絹江には反映しているのではないだろうか。二人は天人として、相補的な対として存在しており、対幻想によって人間社会に対峙する。

クリスマスに、透は慶子から養子縁組の奥にあった転生の秘密を明かされて、服毒自殺を試み、一命はとりとめるものの失明する。本多が訪ねたときの透は天人五衰の徴を示しており[11]、そのことが透の転生者としての本物性を担保すると見なされてきた。

《さつきから本多は異臭を感じてゐたが、次第に透の着てゐるものにこもつた垢と膩と、それに若い男の夏の暗い溝のやうな匂ひとが、とめどもない汗と共に、あたりに漂はせてゐるのだとわかつた。透はあれほどの潔癖をも捨てたのだ。

そのくせ花の薫りはしない。室内にそれほど華が夥しいのに、薫じないのである。おそらく絹江が花屋から買はせたのにちがひない立葵の花が、紅白とりまぜて畳に落ち散らばつてゐるが、四、五日前に取り寄せた花と見えて、乾いて萎えてゐる。

絹江は、自分の髪にいつぱい白い葵の花を飾つてゐた。

〔…〕

その絹江が立ちつ居つ、透の、これだけはつややかな饒多な黒い髪に、紅い葵を飾り立ててゐるのである。

〔…〕

しばらく見てゐてから、本多は立上つて、旅の着替へのために部屋へかへつた。》（二十八）

透の五衰を示しているとされるこの箇所は、全知の視点ではなく、本多に内的焦点化して描かれている。本多は透の汗や体臭を《異臭》として感じ、透が頭上に萎えた紅い葵の花を飾りたてられているのを《しばらく見てゐる》のである。

この透と絹江のたたずまいを見ていた本多が、何を感じたのか、そこに天人の五衰を知覚したのかどうかは語られることがなく、空白におかれる。だが、本多は、天人の五衰について、慶子に縷々説明をするほどに知悉していた。この特異な様態に天人五衰を知覚しない方が不自然ではなかろうか。

かつて三保の松原を見物した夜に、本多は、天人たちが飛び交う夢を見る。本多をなぶるように舞い飛ぶ天人たちの中には、清顕、勲、ジン・ジャンもいた。本多は《見てゐる本多がただ一人の人間だとすれば、漁師白竜とは自分のことではないかと思》う(四)。白竜は、言うまでもなく、謡曲「羽衣」に登場する漁師の名で、天人の羽衣を奪って返さないために、天人に五衰が現じるのである。

本多には、清顕ら転生者に対して、彼らの生の絶頂での死を止め得なかったという悔悟があった。そのために本多が養子にした透に施したのが、洋食の作法や社交的な会話術に象徴される、《飛翔の能力を人目から隠》(十七)して、凡人になるための教育であった。それは、白竜が天人の羽衣を返さず、飛翔の能力を奪ったのとまさに同様の行為であり、その結果として透に天人五衰の相が現出したのではあるまいか(12)。視力を失い、汗と脂で汚れ、異臭を発し、絹江のなすがままに髪に萎れた花を飾りたてられた透の姿を見ていた本多に、そうした認識が生じていたとしたらどうだろう。

五衰の相の現れた訪問より前の、本多が二十数年ぶりに神宮外苑で覗き行為をして逮捕された日。本多は、気に入っていた百日紅を透に伐られた怒り、悲しみ、理不尽さに、衝動的に深夜の外出を思い立って車を呼んだ。

《「あと半年の辛抱。……もしあいつが本物なら……」

しかし思ひついたこの留保条件が本多を戦慄させた。透が満二十一歳になるまでの半年の間に死んでくれれば、すべてを恕してやることができる。それを知らずに今尊大ぶつてゐる若者の酷薄には、それを知つてゐるといふことだけで、本多も辛うじて耐へることができる。が、もし透が贋物だつたとしたら……

透の死を思ふことが、このごろの本多を慰めて来たことは多大なものだつた。屈辱の底にこの若者の死を念じ、心ですでに彼を殺してゐた。〔…〕

しかしもし贋物だつたら……、透がいつまでも生き、本多がその生に追ひつけずに、早晩老衰で死ぬとしたら……／〔…〕／

透の意識が自分に似すぎてゐることが、思へば久しい不安の種子だつた。透はすべてを読んでゐるのかもしれない。透こそ透自身の永生を知り、しかも彼の夭折を信じてゐる老人が、あのやうに実務的な教育を施してきたといふ念の入つた悪意を読んで、これに復讐を企てたのはありうることだ。……

八十歳の老人と二十歳の若者とは、今、生きることと

死ぬこととの、鍔迫合を演じてゐるのかもしれない。》（二十六）

本多は、透が本物の転生者であり、二〇歳で死ぬことを願う。清顕の生まれ変わりであった勲を救いきれなかったことに苦しんでいた本多が、転生者の死を願うことは不可思議なようでもある。だが、旧論ですでに考察したように、そもそも転生とは、本多の生をつかのま活性化させる祭りとして本多の認識によって生じたものであり、転生が終わるのも、本多が自らの認識の劇の中で犯す異人殺しによる。[13]《この若者の死を念じ、心ですでに彼を殺してゐた》のである。一方で、本多は、透が贋物で、二一歳になっても生き延びて、自身の方が早く死ぬことをも恐れていた。それは、父子の認識の人生を賭けた《鍔迫合》に負けることだからだ。本多には、透が《すべてを読んでゐるのかも》しれず、凡人化を狙った教育に対する《復讐》を企てているのではないかという不安がぬぐえない。実際に、透は、手記に、《二十歳になったら、僕は誓つて、父を地獄の底へ突き落としてやる。その精密な計画を今からたてておくこと》（二十四）と銘記するのである。もちろん、このときの透の《計画》とは、本多を準禁治産者に仕立てて本多家の実権を自身が握るというきわめて世俗的なものであったが、強い《復讐》心を抱いていることは本多が察知した通りであった。

《透が自殺未遂のあげくに失明し、二十一歳に達してなほ生きつづけてゐるのを見ながら、本多はもはや自分の知らぬところで、二十歳で死んだ本当の転身の若者の証跡を、探し当てようとする気力をも失くしてゐた。》（二十八）

透が自殺未遂をして、二一歳の誕生日が過ぎた後で、本多は、透が贋物だったと判断している。自分の知らないところで二〇歳で死んだ本当の転生者がいたのだろうというのだ。

本多にとって、最も望ましいのは、外苑での覗きの際に《俺の目を酔はせてくれ》と願ったように、本物の転生者がつかのま本多の生を活性化させたあと二〇歳で死に、また次の転生者が出現するまで本多が待ち続けることであった。だが、それが老齢によってかなわない以上、次善なのは、転生者だと思っていた透は実は贋物で、別のところに本物がいて二〇歳で死に、自分は不運にも本物の転生者にめぐり合えなかったと慰めることだっただろう。

ところが、死期を悟り、月修寺の聡子門跡に六〇年ぶりに面会をする手筈を整えた本多が目にした透には、五衰の相が現れていた。透は贋物などではなく、本物の転生者が本多の施した凡人化教育のために異界への飛翔の力を失って生きながらえ、五衰を示してしまったのだとしたら。本多が六〇年をかけて関わりつづけ、彼の生のよすがであった転生は、もはや決して本多の前に現れることはない。本多の認識の衰亡が、まざまざとそこには示されたことになる。透の側からすれば、死に切れずに五衰の相が現出したことにより、《父を地獄の底へ突き落としてやる》という《誓い》が期せずして成就してしまうのである(14)。

＊

リーディング公演「天人五衰」は、〝人間、生の絶頂で時を止めるべきか、否か〟をテーマに、透と本多の父子の人生の「鍔迫合」として再創作されていた。このアダプテーションによる再解釈は、小説「天人五衰」の読解にも援用することが可能であろう。月修寺の聡子門跡との面談の前に、本多の内側で、転生をめぐる一つのドラマが閉じられたのである。それをなしたのは、頭上に花を挿した透と「狂女」絹江、自らをこの世のものならぬ飛翔する天使だとの認識を抱き続けた一対の《異類》であった。

（広島大学文学研究科）

注1　「天人五衰」の章を示す。「天人五衰」および『豊饒の海』創作ノートの引用は、すべて『決定版三島由紀夫全集』一四（新潮社、二〇〇二年）による。

2　『三島由紀夫　物語る力とジェンダー──『豊饒の海』の世界』「v─2」（翰林書房、二〇一〇年）。論の都合上、本論と重複する部分がある。また、旧論は、三島の直筆原稿を用いた生成論批評を目的の一つとしていたが、本論では決定版全集所収の「天人五衰」最終形を用いる。

3　「文学から映画へ、映画から文学へ」（『文学と映画のあいだ』東京大学出版会、二〇一三年）

4　三島由紀夫のアダプテーションに関しては、拙稿「アダプテーションは何を物語るか─三島由紀夫作品とジェンダー／セクシュアリティ」（『21世紀の三島由紀夫』翰林書房、二〇一五年）、「三島由紀夫へ、三島由紀夫から─アダプテーション、ジェンダー、クィア」（『混沌と抗戦　三島由紀夫と日本、そして世界』水声社、二〇一六年）などを参照。

5　本公演をプロデュースした永井聡子は、《地域に伝わる「羽衣」伝説を題材にした》として、《観客が現実の時間軸とドラマの中の時間軸とを交差させながら、共通の劇的空間が創造される場》として《二重の時間軸》をもつ、劇場・演劇の特質を語っている（「創る観客論に立脚した劇場モデルに関する考察①─三島由紀夫『豊饒の海』第四巻「天人五衰」（２０１７）と文楽人形創作オペレッタ『池鯉鮒宿祭乃縁』（２００５）新作舞台化を事例に」『静岡文化芸術大学研究紀要』一八、二〇一八年三月）。

6　《……それにしても、或る種の人間は、生の絶頂で時を止めるといふ天賦に恵まれてゐる。俺はこの目でさういふ人間を見てきたのだから、信ずるほかはない》（十六）に由来するのであろう。

7　「〔安住恭子の舞台プリズム〕ＨＡＧＯＲＯＭＯプロジェクト「天人五衰」三島小説の世界生々しく」（『中日新聞』夕刊、二〇一七年三月一五日）

8　三島の創作ノートにも、《美しいと思つてゐる狂女　現代社会における美の売笑性》（840頁）と、女の身体が性的に消費されることと狂気との関係が示されている。

9　フェミニズム／ジェンダー批評は、その当初から、フーコーの『狂気の歴史』を援用しつつ、「女の病い」としての狂気を解析してきた（エレイン・ショーウォーター『心を病む女たち　狂気と英国文化』朝日出版社、一九九〇年など）。

10　絹江の頭上の山梔子の花の一文は、直筆原稿では加筆挿入されている。

11　「大の五衰」とは、《その一は、浄らかだつた衣服が垢にまみれ、その二は、頭上の華がかつては盛りであつたのが今は萎み、その三は、両腋窩から汗が流れ、その四は、身体がいまはしい臭気を放ち、その五は、本座に安住することを楽しまない》（八）。

12　最も早く透の本物性を指摘した村松剛は、《その透の運命を狂わせるのは、本多と慶子のとの突然の来訪である》と述べる（「『天人五衰』の主人公は贋物か」『三島由紀夫全集一八』付録3、新潮社、一九七三年七月）。本論では、その《運命》の内実としての父子の争闘のさまを考察する。

13　拙稿『三島由紀夫　物語る力とジェンダー　『豊饒の海』の世界』「Ⅰ―2　浄と不浄のおりなす世界」「Ⅱ―2　転生する「妄想の子供たち」」（翰林書房、二〇一〇年）

14　透が《天使》たる自己聖化の認識をもった主因は、《あらゆる人間的契機から自由な恩寵を受けてゐることの、肉体的な証し》としての《三つの黒子》（六）にあるが、彼が羽衣伝説を有する清水に生育したことも要因の一つではないか。透と本多のパートが交互に進行する「天人五衰」にあって、「羽衣」や天人の五衰についての記述は、すべて本多のパートに固まっているが、そこには語りの作為があるように思える。

　また、従来、慶子によって転生を知らされた透がメタノール自殺を試みたのは、家庭教師の古沢が語った《自己正当化の自殺》（十八）によるものだと見なされてきた。だが、『豊饒の海』には、第一巻「春の雪」において、蓼科という（故意の）服毒自殺未遂の先蹤がある。手記に、《誓つて、父を地獄の底へ突き落としてやる。その精密な計画を今からたてておくこと》と書いた透である。透が天人の五衰を知っていたとして、慶子から養子縁組の真実を知らされ、清顕の夢日記を読み、服毒する一週間の間に、何が本多にとってもっとも痛烈な打撃を与えることになるのかを考えたとき、一命をとりとめて本多に五衰の相を示したととらえることもできなくはない。

特集　豊饒の海

# 『天人五衰』の構想について
## ――海を見る少年――（一）

佐藤秀明

1

『天人五衰』は、海の描写から始まる。ゆったりと、しかし執拗に海は眺められ、その情景が写し取られていく。海を眺め、ことばで書きとめておくのが、なすべき最も大切な仕事でもあるかのように。しかし、作者についてはしばらく脇に置くことにしよう。これは、十六歳の安永透が見る駿河湾の海である。このほとんど見ることに淫しているると思われる海の描写を引用してみる。

潮は少しづつ満ち、波もやや高まり、陸は巧妙きはまる浸透によつて犯されてゆく。日が雲におほはれたので、海の色はやや険しい暗い緑になつた。そのなかに、東から西へながながと伸びた白い筋がある。巨大な中啓《ちゆうけい》のやうな形をしてゐる。そこだけ平面が捩《ねぢ》れてゐるやうに見え、捩れてゐない要《かなめ》に近い部分は、中啓の黒骨の黒つぽさを以て、濃緑の平面に紛れ入つてゐる。

日が再びあきらかになつた。海は再び白光を滑らかに宿して、南西の風の命ずるままに、無数の海驢《あしか》の背のやうな波影を、東北へ東北へと移してゐる。尽きることのないその水の群の大移動が、何ほども陸に溢《あふ》れるわけではなく、汜濫は遠い月の力でしつかりと制御されてゐる。

雲は鰯雲《いわしぐも》になつて、空の半ばを覆うた。日はその雲の上方に、静かに白く破裂してゐる。

日の光りの変化と風による海面の様子。子細に表現された海の情景は、さすがに見事なもので、そのまま脳裏に思い浮かべればよいのだが、先へ急ごう。これは何を意味しているのだろうか。「眺めることの幸福」ということばがこの後に出てくるから、これは「幸福」の表現であるにちがいない。毎日海を眺めている少年の、海を見る幸福。右の引用文に「幸福」があるとしても、そう言われなければ、余人には伝わりにくいだろう。おそろしく自己完結した「幸福」である。

しかし、この見る資質に感応したのが本多繁邦だった。安永透に、本多は出会った瞬間に自分と同じ「機構」を見出す。それは「自意識」の「機構」で、それこそは「本多の自意識の雛型《ひながた》だつた」。そしてそれを「悪」と考える。安永透に「純粋な悪」を見、「俺は見抜いたぞ」と本多は思う。

本論は、『豊饒の海』の第四巻『天人五衰』の成立を検討するものである。[1]『天人五衰』の構想は、第三巻『暁の寺』の完成後に倉卒の間に成ったと思われる。海を見る少年という発想が浮上し、これまでの構想が大きく変化して、『天人五衰』のみならず『豊饒の海』全体の性格が変わることになる。そして海を見る少年の登場は、最後の月修寺の場面まで届いているのではないかと考えられる。『天人五衰』の構想の成り立ちを検討し、そこからこの作品の読解を検討しようというのが本論の目的である。それは、三島の死出の出発を装飾する作品と見られている『天人五衰』を、文学作品として評価しようとするものでもある。

まずは、『暁の寺』の擱筆から『天人五衰』の執筆までの成立事情を精査しておきたい。

『天人五衰』には、『春の雪』『奔馬』『暁の寺』の伏線を回収する部分がほとんど見られない。伏線と言っても、小説は意味の組成があらゆる部分に触手を伸ばすから、これは雑な言い方ではあるが、『天人五衰』に向けて意図のある伏線というほどのものはなかったと見られる。初出誌「新潮」の担当編集者だった小島千加子は、三島から「第三巻までは、素材も構成もきつちり決めておくが、第四巻だけはわざと決めないでおく。その執筆時の現在の時点で、あらゆる風俗流行をそつくりとり入れるやうにしたいから」と聞いていた。[2]なぜそのような計画になったのかといえば、第三巻『暁の寺』の執筆事情が関係していたからである。

よく知られていることだが、『小説とは何か』で三島は、『暁の寺』の完成を「実に実に実に不快だつた」と書いている。すでに指摘されていることなので詳しくは述べないが、『暁の寺』の執筆時期に三島は命のやり取りをするような出来事が出来するかもしれぬことを意識し、その場合は『暁の寺』の完成も犠牲にする覚悟でいたらしいのである。おそらくは、一九六九年（昭和四十四年）十月二十一日の国際反戦デーでの騒乱の激化を予期したのであろう。しかし、事態はそうならなかった。作品を犠牲にしてまでも行動の側に身を置くという覚悟が頓挫した。だから「不快」なのである。こういう事情があって、第四巻の構想は据え置かれていたのである。

第三巻の『暁の寺』を脱稿したのは、一九七〇年（昭和四十五年）二月十九日である。[3]そして、第四巻『天人五衰』の連載開始は、「新潮」の一九七〇年七月号からで（完結は、没後の一九七一年一月、同年二月に新潮社刊）、第一回分の原稿の脱稿日ははっきりしないが、締め切り日の五月二十五日頃であろう。つまり、二月十九日から五月二十五日頃までが『天人五衰』の構想を練る月日で、しかし、執筆の時間を除けば四月末日頃までしか日にちはなかったのである。しかも、三月一日から三月二十八日までは、陸上自衛隊富士学校に楯の会会員と体験入隊をしているから、この期間に構想を考えたとしても、使える時間は限られていた。

さらにこの時期は、「最終行動」の具体的な準備にあてられていたのである。三月末には、楯の会の市街戦を指導していた山本舜勝の家に日本刀を携えて行き、「山本一佐は冷たいですな」と呟いた。「最終行動」から離脱しようとした山本舜勝への恨み言を述べたのだが、ここにもエネルギーは割かれていた。四月三日には、小賀正義に、すでに意思を固めていた森田必勝とともに「最終行動」に加わるかと打診している。一週間後の十日には小川正洋に尋ねている。新潮社の新田敞に、定家を書くと言った計画は忘れてほしいと伝えたのは、おそらくこの日である。執筆予定のキャンセルである。

『天人五衰』の創作ノートの一冊目「第四巻　plan」には実際に書かれた話とは異なるいくつもの設定が記されている。このノートは、体験入隊の記録と混在しているところもあるので、三月一日から二十八日までの体験入隊中に書かれたものと思われる。(4) 村松剛に「すっかり構想を変えなくてはならなくなってね」と言ったのは三月のことだというが、(5) おそらくそれは体験入隊中の構想(「第四巻　plan」)を指し、そう言ったのは除隊後の三月末のことであろう。構想内容とともに「最終行動」の時期を見込んでの変更である。そして四月二十五日には、村松に「第四部の構想はもうできている」と言った。(6) これを信じるならば、『暁の寺』を擱筆した二月十九日から、二十八日間の体験入隊中に構想がノートに記され、それを「すっかり」変えて、四月二十五日には「構想はもうできている」という状態にまで持って行ったということになる。第一回分の締め切りの一カ月前である。

だが、構想の骨格が見えてきたのは、じつは四月二十五日以前の数日間のことだと思われる。というのは、四月十九日に静岡県清水市(現・静岡市)に取材に出ているからである。主人公の安永透の住む地である。この取材がなければ、構想は成り立たない。取材には、新潮社出版部の編集担当である吉村千頴《ちかい》が同行し、吉村はこのときの記録を書き残している。(7) それによると、出発前には、主人公の仕事や生活を具体化する見通しはまだ立っていなかったのである。吉村は、これに先立ち四月六日から九日まで予備取材に清水に行っていた。その際、三島に依頼されたのは「海を見ていることが仕事であるような少年を探すこと」だったという。(8)「それも島や船舶からではなく、陸上からでなければならない」というのが条件だった。しかし、「海を見ていることが仕事」が、すぐさま信号所に結びついたわけではなかったのだ。

先に触れた創作ノート「第四巻　plan」（『天人五衰』創作ノートの一冊目）では、はじめ黒子を持つ五人の贋物の転生者が構想され、次にそれが三人になる。その三人の職業や属性はいくつかの案があったが、「港に働く人間」、「狂女」、「自衛隊員」などが書かれ、どうやら最後に登場し顛落死する「電工」の少年が本物の転生者となるようである。「最後に電工の死」「最後の時点で、アラヤ識《しき》の姿」とあるからである。

　そこで思い出されるのが、原稿用紙に書かれた別の構想メモである。これは「大長篇ノオト　1　三島由紀夫」と表紙に書かれた創作ノートにステイプラーで留められていたものである(9)。ここには、「老境」に入った本多が転生の人物を探すが「贋物」で、「死せんとすとき、十八歳の少年現はれ、宛然《さながら》天使の如く、永遠の少年に輝けり」とある。本多は「この少年のしるし」を見て「アラヤ識《しき》の権化、アラヤ識そのもの」とわかり、「自己の解脱の契機をつかむ」となる。この原稿用紙のメモについて、井上隆史は、『暁の寺』第二部の起筆前に書かれたもので、「昭和四十四年二月頃」ではないかと推察している(10)。もう一枚あるメモの用紙、内容、筆跡から推して、間違いないであろう。そうならばこのメモは、先の「第四巻　plan」に直接つながり、「十八歳の少年」が「電工」となるだろう。つまり、「第四巻　plan」の構想は、『暁の寺』執筆時の構想と変わらず、言うまでもなく、現行の『天人五衰』とは全く異なる設定と結末が考えられていたことになる。それが清水市の取材前後で大きく変更されることになるのである。

　だが、吉村千頴の記述を読むと、『天人五衰』に登場する信号通信員の主人公にはまだ隔たりがある。当時の手帳のメモを写しながら回想する吉村の文章を引用してみよう。

　六日、一五時一〇分発の〈こだま〉に乗り、その日は〈日本平観光ホテル〉泊、翌七日の欄には、「柑橘試験場、水産高校、船員養成場、東海大海洋研究所」とメモされ、欄外には静岡放送局員の名前と電話番号が記されているから、三島氏の取材に必要な情報を集めるためにあちこち動いたのだろう。七日はどこに泊まったのか不明だが、八日の欄には「御前崎泊」、九日には「砂丘、灯台、原子力発電所」とあって、十日は「四時　三島来社」とあるから、九日中に帰京、翌日に予備調査の報告をしたのは間違いない(11)。

　透が務める「帝国信号通信社清水港事務所」は、実在する東洋信号通信社清水港事務所をモデルにしている。吉村のこの情報収集では、東洋信号通信社には容易に行き着けそうもない。「海を見ていることが仕事であるような少年を探すこと」と言った三島にも、宛があったわけではないようなのだ。吉村によれば「三島氏は行けばなんとかなるだろう、兎角行ってみないことには始まらないといった様子だった」という（三島は、既知のことをそ知らぬふりをして、あたかも初めて知ったか

## 『天人五衰』の構想日程

1969年（昭和44年）
2月頃　『天人五衰』の構想メモを書く。
10月21日　国際反戦デー。
1970年（昭和45年）
2月19日　『暁の寺』脱稿。
3月1日　自衛隊体験入隊、3月28日まで。創作ノート「第四巻　plan」を書く。
3月末　山本舜勝宅訪問。「すっかり構想を変えなくてはならなくなった」と村松剛に言う。
4月3日　小賀正義に最終行動参加を打診。
4月6日　吉村千顕、静岡県清水市ほかを予備取材。9日まで。
4月10日　小川正洋に最終行動参加を打診。吉村、予備取材について三島に報告。新田敞に先の執筆予定をキャンセル。
4月19日　清水市に取材。翌日、信号所を見つける。
4月25日　「第四部の構想はできている」と村松剛に言う。

のように人に見せ、証人にするという手の込んだことをしかねないが、如上の日程ではそれはできないだろう）。吉村千顕の『終りよりははじまるごとし』には、肝心の東洋信号通信社清水港事務所にどのようにして行き着いたのかが書かれていない。

　この点を吉村千顕に問い合わせてみた。すると驚くべきことに、それは「偶然、発見したのだった」というのである。どうやら予備調査でははかばかしい情報が得られず、とにかく三島と清水に向かい、翌日の四月二十日に、タクシーを借り上げて市内を走っているうちに、三島が背の高い特徴のある建物を見つけたというのだ。吉村が声をかけて、三島と一緒に中に入った。応対したのは二十歳の小泉三郎である。小泉にも話を聞いてみた。

　焼津の水産高校を卒業して、就職して二年目のことだった。「肌寒い日だった」という。男性の編集者が先に来て、取材を申し入れてきた。後ろに三島由紀夫が立っていた。所長に連絡したかどうかは忘れたが、二人は上がって、その日はそれだけだったという。三島は「灯台守のような監視をしている所を探している」と言った。その頃、灯台はほとんどが無人化していたので、三島はここが気に入ったのだろうと小泉は語った。

　こうして三島由紀夫は、清水港の信号所に行き着いたのである。吉村によれば、三島はここを見つけたことを喜んでいたという。その後、三島は五月一日から三日と六月十日との、

5月1日　信号所を取材。3日まで。
5月25日頃　『天人五衰』第一回原稿締め切り。
6月10日　三保の松原を取材。信号所にも立ち寄ったか。

少なくとも二回は清水に行っていることが判明しているが、小泉三郎は、交代制なのですべての訪問を知っているわけではないと断りつつ、七、八回は来たのではないかと言う。八月には奥さんと同伴で来たとも言っていた。作品に描かれた徹夜の監視の取材では、小泉が対応したそうである(12)。

では、「海を見ていることが仕事であるような少年」（吉村千頴）、「灯台守のような監視をしている所」（小泉三郎）という発想はどこから出たのであろうか。「すっかり構想を変えなくてはならなくなってね」と村松剛に言った一九七〇年三月末から「第四部の構想はもうできている」と言った四月二十五日の間に、「電工」に代わって海を見る少年の構想が浮上したのである。

## 2

創作ノート「第四巻　plan」の構想が変わったとはいえ、このノートにも海を見る少年についての記述はある。「海 or 自衛隊　海か港に関係ある職業（「船の挨拶」の主題の発展）」「海のワッチ、港の監視員等の職業。19歳、高校出。何かドラマチックな事件起る。密輸か恋愛、（「恋愛、」抹消）密輸、か北鮮スパイ。月の出の犯行。ただ見るだけでなくガラスが破れる。突然ドラマに巻き込まれる。」といった記述である。あるいは「一人の青年が海を見てゐる」という記述から始まるひとまとまりの構想もある。ここにはこの青年と「狂女」と「詩人」の三人が黒子を持つ人物として登場する。また、「悪魔のやうな少年が主人公――十七歳。」と書かれたまとまりのあるプランもある。この少年は「海上保安庁の監視員、――目は精巧なレンズ」と説明されているが、最終的には黒子を持つ「若い電工」が登場し、本多の死が「解脱」となって終わる。ただし、ここに抽出した海を見る人物は、何人かいる贋物の一人として、やがて小説世界から姿を消し、主人公的な中心人物とはならない。

この創作ノートの記述で注意を引くのは、「（「船の挨拶」の主題の発展）」という部分である。「船の挨拶」は、一九五五年（昭和三十年）八月の「文芸」に発表され、『白蟻の巣』（新潮社、昭和三十一年一月）に収録されたモノローグ劇である。一九五五年六月十五日から二十七日まで、文学座アトリエ公演として三島由紀夫の演出、稲垣昭三の出演で初演された。話は、伊良湖水道に面した小島の崖上にある見張小屋で、入港する船を監視する二十歳あまりの灯台員益田一郎が、孤独と退屈のあまり船の挨拶を期待しているというものだ。船が自分に感情を見せてくれたら、たとえそれが「悪意」や「敵意」であってもどんなにいいだろうと思っていると、真っ黒な船が現れ、人が小銃を構えて自分を狙っている。胸に弾丸を食らった一郎は「船の、熱い、火みたいな挨拶」に満足して死ぬ、という話である。若者の孤独と退屈があたかも事件を引き寄せてしまったかのような話であり、大海と船を見続ける若者の妄想が、現実になるという奇蹟待望の話として捉えることもできる。ここには、十五歳のときの詩「凶ごと」にある、「椿事《ちんじ》」を待つ少年時代のロマンチシズムが投影されており、奇蹟を待望した「海と夕焼」にも通じるいかにも三島的な主題が表れている。

「船の挨拶」は、三島が『潮騒』の取材で訪れた神島での見聞が材料になっている。「その灯台の見張小屋は、のちに「船の挨拶」といふモノドラマの背景に使つた」（「『潮騒』のこと」、「婦人公論」昭和三十一年九月）ということだ（「『潮騒』執筆のころ」でも同様のことを述べている）。『天人五衰』の海を見る少年という発想は、十七年前の『潮騒』の取材にまで遡るのである。[13]

一九五三年（昭和二十八年）三月四日から三重県の神島で『潮騒』の取材を始めた三島由紀夫は、漁業組合長の寺田宗一宅に宿泊し、しばしば灯台を訪れた。灯台長の山下四郎も三島を歓迎したが、灯台長夫人の當重《まさゑ》は、『潮騒』に描かれたような「何事につけても百科全書的な知識をもつてゐ」て「お客が来ると、ひつきりなしに喋つた」という開放的な人柄だったので、三島は好んでやって来たようである。そのことを灯台長の息子である山下悦夫が書いている。[14]

じつはここで、三島は、灯台付近の「見張小屋」で船舶の通過を監視する一人の青年に出会っているのである。鈴木通《みち》夫《お》、当時二十歳の灯台職員で神島に赴任していた。「色白でぽちゃぽちゃっとした可愛らしい顔をしていて、三島さんのお気に入りでした」と、灯台長の娘で『潮騒』の千代子のモデルになった竹林文代は言う。三島が灯台に行くと、當重夫人が「三島先生がいらしたよ」と仕事中の鈴木を呼んだものだったと、これも竹林文代から聞いた話である。

三島は三月十一日まで滞在し、追加取材のために八月三十日に再訪、翌一九五四年六月に『潮騒』が新潮社から書き下ろしの単行本で刊行されると、すぐに映画化が決まり、同年八月八日には、音楽担当の黛敏郎らとともに映画のロケ見物に訪島している。その三度の神島訪問時に、鈴木は三度とも三島に会っている。そして折に触れ手紙のやり取りをすることになったのである。鈴木の手許には、一九六五年（昭和四十年）までの九通の手紙が残されている。近況や神島を懐かしむ文面、仕事の多忙をかこつ文面などで、いずれも他愛のないものであるが、鈴木の仕事だった「船舶通過報」に強い関心を示しているのが注目される。

「船舶通過報」は、名古屋港に入港する船を識別して、神島の郵便局に連絡するのが仕事である。郵便局からは電信で名古屋港にそれを知らせるのだが、一九五六年の六通目の書簡では「直接無線電話」になったというから、仕事のあらましは安永透の仕事と大差ないようだ（無線電話は三島の誤解だろう）。鈴木通夫によれば、この仕事は会社名は忘れたが民間会社から委託されたものだったという。小泉三郎の働く清水の駒越海岸付近にある信号所は、横浜に本社がある東洋信号通信社の清水港事務所であり、この会社は一九六三年に神島見張り所を開設している。だから鈴木の仕事と小泉の仕事には関連があったのかもしれない。その両方に三島が関わったというのは面白い。しかし、三島が鈴木通夫を通して東洋信号通信社を知り、そこから清水港事務所にアクセスしたという事実は見つからなかった。同行した吉村千穎の言うとおり「偶然」だったのであろう。

　発信順に整理した九通のうち、本論に関係のある一通目と五通目の全文をここに引用してみよう。なお、この九通は未発表書簡でもあり、著作権者と所蔵者の許可も得られたので、その全文を「附　三島由紀夫、鈴木通夫宛書簡」として本論末尾に紹介する。

**□一通目**　一九五三年（昭和28年）三月二十日（消印・3月21日）封筒・便箋

三重県鳥羽局区内神島村　神島灯台
山下四郎様
まさゑ様

鈴木通夫様
東京都目黒区緑ヶ丘２３２３
三島由紀夫

鈴木兄

神島滞在中はいろ〳〵お世話になり、ありがたうございました。又写真をどうもありがたう。肝心の名キャメラ・マンの肖像がボンヤリしてゐて残念です。

　山田の半日は、お天気が悪かつたけれど、愉快でしたね。久々に陸に上つた船員の気分つて、あんなものだらうと思ひました。

　賢島のホテルは二年前に出来たやつできれいでしたが、なるほど、ここも映画や本屋の全然ないところで、ホテルのサロンで「真珠採りの話」といふ十六ミリ無声映画を見たきりです。ホテルの専務とドライヴをして、たま〳〵海女が着物を着かへてゐるところを見ましたが、こいつは少々グロテスクでした。波切《ナキリ》灯台を見学して、赤いレンズを見てきました。しかし波切灯台より、僕は神島灯台のはうがずつと好きです。何と云つても「船舶通過報」といふ魅力がありますから。

　何か面白いことがあつたら、又、お便り下さい。大兄のご健康を祈る。

三島由紀夫

鈴木通夫様

□**五通目**　一九五五年（昭和30年）五月十三日（消印・同日）封筒・便箋

三重県鳥羽局区内志摩郡神島村神島灯台

鈴木通夫様

東京目黒緑ヶ丘二三二三

三島由紀夫

久々のお手紙なつかしく拝見。今も、例の見張小屋で望遠鏡をのぞいてゐると思ふと、なつかしく、今度、「船の挨拶」といふ一幕物を書きました。雑誌（文芸）が出たら、（多分七月か八月号）お送りします。決して迷惑のかかる筋ではありません。廿一才の灯台員が、毎日船舶通過報に従事してゐるうち、急に、海賊船があらはれて、狙ひ打ちされるといふ筋で、登場人物は彼一人、十八枚ほどの幻想的詩劇です。

どうしても、あの見張小屋を、僕の詩想で育てたかつたのです。それから君を。

決して怒るやうなものではありません。安心して下さい。

名古屋へでも転勤になつたら、又会へますね。その時をたのしみにしてゐます。

お元気で。

三島由紀夫

五月十三日

鈴木通夫様

一通目にあるように、鈴木通夫は写真を撮って三島に送った。当時、神島で写真機を持っていたのは鈴木一人で、写真は鈴木の趣味でもあった。現在流通している神島での三島の写真は、いくつかは鈴木通夫撮影のものである。『決定版三島由紀夫全集』第四巻の口絵となっている「昭和28年3月、神島で灯台長夫妻と」という写真も鈴木の撮影で、鈴木によれば、三島の向かって右隣にいる男性は灯台長ではなく、島の郵便局員だという。注目すべきは、「僕は神島灯台のはうがずつと好きです。何と云つても「船舶通過報」といふ魅力がありますから」という一文である。しかし、『潮騒』には鈴木通夫をモデルにした人物は登場しないし、船舶通過報にも触れていない。鈴木が書いてくれるなと言ったためで、そのことは一九五六年の四通目の三島書簡に書かれている。六通目の書簡には、「いつそ、又、君の灯台でもモデルにした小説を計画するかな」と冗談めかしてではあるが書かれていて、鈴木の仕事への関心の深さが窺われるのである。

（三島由紀夫文学館館長・近畿大学教授）

注1　有元伸子「『天人五衰』の結末へ」（「表現技術研究」二〇〇九年三月、『三島由紀夫　物語る力とジェンダー『豊饒の海』の世界』翰林書房、二〇一〇年三月）、井上隆史

『三島由紀夫 幻の遺作を読む もう一つの『豊饒の海』』（光文社新書、二〇一〇年一一月）、松本徹「究極の小説『天人五衰』――三島由紀夫最後の企て」（「文学界」平成二十三年一月、『松本徹著作集2 三島由紀夫の思想』鼎書房、平成三十年九月）が、『天人五衰』の執筆事情を整理し考察している。本論はそこに若干の新資料やインタビューを加え、別の角度から考察するものである。

2 小島千加子『三島由紀夫と檀一雄』（構想社、一九八〇年五月）

3 『告白 三島由紀夫未公開インタビュー』（講談社、二〇一七年八月）

4 井上隆史（注1）も同じ推測をしている。

5 村松剛『三島由紀夫の世界』（新潮社、平成二年九月）

6 注5に同じ。

7 吉村千頴『終りよりはじまるごとし――1967～1971 編集私記』（めるくまーる、二〇〇九年五月）。吉村千頴には『天人五衰』の取材を回想した「五衰の庭――或る遺作の取材」（「ポリタイア」昭和四十八年九月、「江古田文学」平成十八年二月に再録）があり、この回想は『終りよりはじまるごとし』に適宜引用され紹介されている。

8 注7の単行本に同じ。

9 『決定版三島由紀夫全集』第十四巻（新潮社、二〇〇二・一）に収録された『豊饒の海』創作ノートでは、「「春の雪」創作ノート」の二冊目にあたる。

10 注1に同じ。

11 注7の単行本に同じ。

12 この取材は、「「豊饒の海」創作ノート⑪」（井上隆史、工藤正義、佐藤秀明・翻刻、「三島由紀夫研究⑭ 三島由紀夫・鏡子の家」鼎書房、平成十六年五月）にあり、ここには小泉三郎の名前が記されている。

13 『三島由紀夫事典』（明治書院、昭和五十一年一月）の鈴木晴夫執筆「船の挨拶」には、「『天人五衰』の冒頭の設定にかなり似た部分がある」という指摘がある。

14 山下悦夫「手紙に見る三島由紀夫と私の家族」（「三島由紀夫研究⑱ 三島由紀夫と澁澤龍彦」鼎書房、平成三十年五月）

## 附 三島由紀夫、鈴木通夫宛書簡

**□二通目** 一九五三年（昭和28年）九月六日（消印・9月7日）封筒・便箋

三重県志摩郡神島村 神島灯台
鈴木通夫様

東京目黒緑ヶ丘二三二三
三島由紀夫

前略

神島滞在中はいろ〳〵お世話になりました。帰途、豊橋に寄ってブラ〳〵遊ぶ予定だつたのが、津県庁の招待で、お供できなくなつて大へん残念でした。津では、種畜場へ案内されて、牛や雞や豚を見たり、アカシヤ並木の間を自ら手づなを持つて馬車を走らせたりして一寸面白かつた。その晩津を発つてヨコハマに行き、ホテルでひるねをして、港へ福田恆存氏を送りに行きました。

クリーヴランド号のボオイたちは、日本人にとても威張つてゐて、感じがわるく、ビールの追加注文をすると、「注文は一度にしてくれ」と云つて、ケンもホロロでした。それから大岡昇平氏や芥川比呂志君などと一緒に呑んでから東京へかへりましたが、お土産の海老はミゴト腐つてゐました。但しこれは組合長には内聞にねがひます。「賞味しました」と礼状を書きましたから。

東京へかへつてみると、あひかはらずで、メチャクチャに忙しく、すぐ都会性ヒステリーにかゝります。全く神島は別天地でした。一日、晴れた日がありましたね。あの日の、松並木の間から眺めた海の上の夏雲の美しさなんか絶妙でした。

豊橋では何か映画を見ましたか？　僕は帰京匆々「宇宙戦争」といふのを、オヤジとオフクロと一緒に見にゆきました。火星人襲来の場面で、映画館の近所に火事があつたらしく、外の往来の消防自動車のサイレンがひびいて来て、一寸スリルでした。

では、体に気をつけて下さい。元気でお暮し下さい。もう少し性能のいい望遠鏡をとりつけて、東京のはうもときどき見て下さい。

匆々

九月六日　　三島由紀夫

鈴木通夫様

二伸　御約束の「夜の向日葵」別送しました。又、別便で粗品少々送りました。

「秘楽」は十月上旬ごろお送りします。

写真、送つて下さい。

□**三通目**　一九五三年（昭和28年）九月二十三日（消印・9月24日）封筒・便箋

三重県志摩郡神島村　神島灯台

鈴木通夫様

東京都目黒区緑ヶ丘２３２３

三島由紀夫

お手紙及び写真ありがたう。写真機もよし、腕もよし、惜しむらくは被写体がもう少しよかつたらといふ傑作ばかりで、家中でたのしく拝見しました。折角の制帽も家の者には悪口の種で、おふくろなんぞは、「腰抜け水兵」だとからかひました。例のマストのぼりのまねをした珍写真がないのが残念でした。

　早速四枚お返しします。皆さんに何卒よろしく。

　東京は相かはらず雨つゞきでへんな年ですが、秋に入ると早速附合がいろ〳〵忙しくて、毎晩のやうに何か会合があり、くたびれます。さうかと云つて神島の静かさも又極端だし、何か適度の生活はできないものかな。さうするとやはり名古屋かな。新任地に移られたら、又お便り下さい。

　もう夜は寒いですから、チョッキをしまつたりしないで着て下さい。

　灯台長夫妻によろしく。では又

九月廿三日　　三島由紀夫

鈴木通夫様

□**四通目**　一九五四年（昭和29年）六月九日（消印・同日）
封筒・便箋
三重県志摩郡神島村　神島灯台
鈴木通夫様
東京目黒緑ヶ丘二三二三
三島由紀夫

　すつかり御無沙汰してしまひました。お変りありませんか？　例の小説「潮騒」が、やつと発刊になりましたので、一部お送り申上げます。御笑覧下さい。君とのきつい約束ですから、君は全然作中に登場してゐません。御安心下さい。

　神島の数日は、時を経るほど、なつかしく思ひ出します。最も懐かしいのは、いふまでもなく君のことです。実際、又神島を訪れたい、と何度思ふかしれませんが、東京の多忙な生活に追はれ、なか〳〵たゞ遊ぶための旅行といふものはできません。あのとき撮つていただいた写真を見て、はるかに島を偲ぶだけです。もしかしたら映画化されてロケ隊が行くかもしれませんから、そんなチャンスでもあつたら、島へゆくこともできるでせう。

　君の名古屋転任はどうなりましたか？　もしかしたらもう神島にゐないかもしれないと思ひながら、神島宛に出しました。住所が変つたら何卒しらせて下さい。

　元気で溌溂と仕事にいそしまれんことを祈つてゐます。

六月九日　　三島由紀夫

鈴木通夫様

□**六通目**　一九五六年（昭和31年）四月二十九日（消印・4月30日）封筒・便箋
愛知県碧南市大浜町権現二三
鈴木通夫様

東京目黒緑ヶ丘二三二三
三島由紀夫

すつかり御無沙汰しました。二度もお手紙をいただき、音信不通で申訳なし。初めのお手紙で、画家の方が絵を下さるといふお話でしたが、小生、絵のことは皆目わからず、又、美術に興味もなく、いただいても仕様がないので、さうかと云つて正面切つて断はるのもをかしいから、わざと御返事しませんでした。不悪。

東京は、今日も、平年より五六度低い肌寒さで、ついこの間は、二十四度にもなつたのですから、まるでメチャクチャです。四月一日には雪も降つたし、ノイローゼ陽気ですね。

「船の挨拶」の通過報も、直接無線電話になつた由、神島も徐々に進歩して、あんな呑気な生活は昔語りになるでせうね。八月ごろ、アメリカで「潮騒」が出ますが、アメリカ人はあの小説を読んで、神島はどんな島だと想像するでせうか？

それにしても僕の今一番ほしいのは時間で、君の時間をわけてもらへたら、今みたいにコセ〳〵した仕事でなく、きつと大小説が書けるにちがひありません。世の中は思ふに任せぬものです。

ボディ・ビルも着々やつてゐますが、五月号のオール読物に、ハダカ写真を出しましたから、進境のほどがわかると思ひます。君みたいに、胸幅が厚ければ、半年もやれば、一流ボディ・ビルダーになれますよ。しかし君は、ボディ・ビル如き下品な運動はきらひでせう？

小生このごろカブキの仕事はきらひになり、芝居の仕事の予定も、十一月の文学座公演だけです。名古屋へ行くチャンスはなか〳〵ありません。いつそ、又、君の灯台でもモデルにした小説を計画するかな。

又、いつかお手紙を下さい。

何卒お元気で。

三島由紀夫

四月二十九日

鈴木通夫様

□**七通目**　一九五六年（昭和31年）十二月二十四日（消印・同日）封筒・便箋

碧南市大浜町権現二三
鈴木通夫様

東京目黒緑ヶ丘二三二三
三島由紀夫

お手紙ありがたう。「鹿鳴館」は、この前名古屋へ行くかもしれぬ、と書きましたが、結局大阪、京都、神戸だけで、名古屋へは行きませんでした。僕も旅へはついてゆく暇がありませんでした。全く、会ふチャンスがなく残念です。東京では毎日、大工の役で舞台へ出てゐました。セリフ一つなくて、幔幕を張つてあるくだけの役ですが、それでも芝居は面白くて病みつきになりました。

体は相当よくなり、なにかと自信がつき、ボクシングの練習などしてゐます。何でも殴つてみたくてたまりません。今会つたら危険ですぞ。ボディ・ビルのおかげでパンチは相当強いと、コーチにみとめられました。

このごろ全く旅行の機会がありません。来春か来夏、アメリカからメキシコへ行きたいと思つてゐるので、旅行はその時に一時にためておく予定です。もし君が東京へ来るやうなことがあつたら、前以て御連絡下さい。できれば数週間前から知らせてもらへければ、必ず会へるやうにします。

もうすぐお正月ですね。今年の仕事も一応終り、たゞ寒くて閉口、映画ばかり見て歩いてゐます。

では流行のカゼを引かれぬやうに。

三島由紀夫

十二月二十四日

鈴木通夫様

□**八通目**　一九五八年（昭和33年）十一月十七日（消印・同日）封筒・便箋

愛知県知多郡師崎町天神山
鈴木通夫様

東京目黒緑ヶ丘二三二三
三島由紀夫

いつぞやはお手紙をいただきありがたう。その後めちやくちやに多忙になり、御返事もさしあげず失礼いたしました。

新婚の御夫妻の写真をいただき、ありがたう。実にみづみづしいカップルで、モダンな魅力的な奥さんですね。東京のゴミ〳〵した渦の中で暮すより、風光明媚な師崎の風光の中で、静かな平和な新婚生活を、誰にも邪魔されずに送られるのは、本当に倖せで、役得といふものです。

さて文春の文士劇では、小生は六十いくつのカタキ役の爺、ヒゲの意休の役をつとめるので、家内など大いに悲観してゐます。切符はどうにも手に入らず、お送りできないのが残念ですが、十一月廿九日と卅日の両日、もし御上京の折があれば、楽屋へでもお訪ね下さい。座席のはうへは、一度楽屋へ見えれば、もぐり込めます。

では奥様にくれ〳〵もよろしく。

三島由紀夫

十一月十七日

鈴木通夫様

□**九通目**　一九六五年（昭和40年）十一月十九日（消印・11月20日）封筒・便箋

愛知県豊橋市呉服町67
鈴木通夫様

東京都大田区南馬込四ノ三二ノ八
三島由紀夫

お手紙ありがたう。御返事がおくれて申訳ありませんが、小生九月五日より十月末日迄、外国に行つてゐて、お手紙の消印を見ますと九月九日ですから、正に小生と入れちがひに届いたことになります。

豊橋で御幸福な家庭生活を送られてゐる御様子、可愛らしいお嬢さんを抱いたよきパパぶりの写真を拝見しても想像されます。全くあの島の局限された生活から考へると、ひろい社会へ出られた喜びをお察ししますが、ひろい社会へ出れば出るで、いろ〳〵と煩労もありませう。小生もとき〴〵東京がイヤになると、あの神島をしみ〴〵思ひ出します。一旅行者の小生と、永くあそこに居られた貴兄とでは印象もちがひませうが、小生は小説「潮騒」戯曲「船の挨拶」の中に、自分の夢を託しました。今もあれを読んで島を訪れる人が少なくないやうです。

貴兄は日本拳法をおやりの由、おそろしいことです。小生は毎週一回剣道、最低二回ボディ・ビルをやり、同年配の人間には負けないだけの体力をつけましたが、拳法でやつて来られたら、歯が立たないでせう。貴兄も剣道をやられて、一試合やりませんか。

豊橋も一度お訪ねしたいものですが、あまりに予定予定でキッチリ決められた生活で、取材旅行以外のたのしみの旅行ができません。この間の外国旅行も仕事の旅行でしたし、今も大阪に奈良のお寺の取材に来てゐるところです。明日は東京へかへります

東京の住所表記変更で、左記のとほり住所がかはりました。

ではお元気で。又お便り下さい。

十一月十九日

大田区南馬込四ノ三二ノ八
三島由紀夫

鈴木通夫様

付記　三島由紀夫・鈴木通夫宛夫書簡の公表に関しては、著作権継承者及び所蔵する鈴木通夫氏の許可を得た。記して謝意を表する。また、問い合わせやインタビューに応じてくださった吉村千頴氏、鈴木通夫氏、竹林文代氏、小泉三郎氏、東洋信号通信社総務部にも感謝申し上げる。なお、本文では敬称は省略した。

（つづく）

インタビュー

# マックス・ウェブスター氏に聴く

## 初の『豊饒の海』舞台化を演出

■聞き手・井上隆史（二〇一九年一月六日）
■翻　訳・今関裕太
■舞台写真撮影・阿部章仁 ©PARCO

**はじめに**

はじめての『豊饒の海』劇化に際し、演出を担当したマックス・ウェブスター氏にインタビューした。ウェブスター氏は、ロンドン、オールドヴィックシアターでアソシエイト・ディレクターを務め、現在英国でもっとも注目される演出家。聞き手（井上隆史）は二〇一八年一一月五日のプレビュー公演（紀伊国屋サザンシアター）でマックス氏と初見。インタビューは一月六日にSkypeにて行われた。録音の活字化と和訳は今関裕太氏が担当した。

**井上**：ウェブスターさんが演出された舞台『豊饒の海』は、二〇一八年の演劇の中でもっとも忘れがたいものでした。これは、誰が最初に言い出したのでしょう。『豊饒の海』の舞台化などほとんど不可能だと皆が思っていたので、この画期的な企画はどのように始まったのか、私はたいへん興味があります。

**ウェブスター**：もともとは毛利さんの発案でした。毛利美咲さんです。

**井上**：毛利美咲さん——パルコのプロデューサーの方ですね？　この舞台の演出を彼女から頼まれたということでしょうか。

**ウェブスター**：そうです。

**井上**：毛利さんは以前あなたに『メアリー・ステュアート』の演出を依頼していますね？

**ウェブスター**：はい、その通りです。

**井上**：そうでしたか。彼女は宮本亜門さんが演出した『金閣

マックス・ウェブスター氏

井上隆史氏

寺』もプロデュースしてますね。今回の舞台の話を最初に聞いたとき、どう思われましたか？

**ウェブスター**：『春の雪』は読んだことがあったのですが、他の作品は読んでいませんでした。イギリスでは『春の雪』が最も人気で、他の三つはそれほど読まれていません。私も『春の雪』は好きでしたが、他の三作品については知識がなかったのです。そこで読んでみたのですが、毛利さんにこう言いました。「これはとても難しい。どれか一作品だけだったら出来るかもしれないが」と。でも彼女は四部作全てをやりたがり、実際そうなったわけです。

**井上**：なるほど。毛利さんのおかげで、私たちは三島文学、三島演劇の新しい世界を見ることが出来たわけですね。このプロジェクトが始まったのはいつ頃ですか？

**ウェブスター**：三年前です、多分。

**井上**：では、この舞台の準備に三年をかけられたということですね。

**ウェブスター**：ええ、多分三年だと思います。

**井上**：この脚本は非常に素晴らしいです。脚本家の長田育恵さんは演劇評論家から称賛され、第五十三回紀伊國屋演劇賞個人賞を受賞しました。ウェブスターさんはこの脚本の執筆にどれくらい関わられたのでしょうか。

**ウェブスター**：一緒に執筆したんですよ。もちろんすべての台詞は彼女が書きました。脚本の言葉は全部彼女の手によるものです。しかし、構成に関しては、二人で一緒に組み立てたのです。

**井上**：この脚本は非常に素晴らしいのですが、もっとも驚いたのは、異なった時間軸、別々の場面がひとつの舞台の上で同時に提示されていることです。このアイディアはどこから来たのでしょう？

**ウェブスター**：もし四部作すべてを時間軸に沿って舞台化したら、一晩かかっても終わらないぐらいです（笑）。終幕が四回もあるんですよ。みんな四回も眠ってしまうか、……四回も家に帰りたいと思うでしょう。そこで、四つの物語を見せるのではなく、一つの物語として感じられるようにしようと思ったのです。テーマは転生で、それは三回起こり、一人の人間が世代を超えて現れるわけです。ですから、四部作全

体の中では時間が循環しているような印象を受けます。そういうわけで、別々の物語を同時に見せてしまってもよいと思ったのです。

**井上**：私の考えでは、本来私たちは時間を目で見ることはできません。時間は不可視です。でもウェブスターさんの演出では、時間が目に見えるようです。観客は舞台上の時間を感じ、時間に触れ、時間を見ることができた。これは素晴らしく、驚くべき経験でした。

**ウェブスター**：一つ本をお見せしましょう――演出に関する本の中で最も有名なものの一つです。アンドレイ・タルコフスキーの *Sculpting in Time* です。

**井上**：舞台上の時間をどう扱うかということは、作品の主題とも密接に関わるのですね。ところで、元々の計画では――つまり、三島の当初のプランでは、この小説の結末は全く異なったものでした。ご存じですか？

**ウェブスター**：はい、知っています。

**井上**：もともとの計画では、最後に現れる若者は本物の転生者となっています。彼は本多が悟りに至るのを手助けし、本多は幸福のうちに死を迎えます。でも三島はそれを大きく変えてしまった。この変更についてもしお考えがあれば、ぜひお聞かせください。

**ウェブスター**：そうですね、変更後の結末は、とても曖昧ですよね？　透が真の生まれ変わりなのか偽物なのか、確かな

ことはわからないのではないか。それに、本多が最終的にどうなるかもわかりません。こちらの結末の方が仏教的で、すべてが流動的で世界が溶け去るような感じです。これが美しい結末なのか、それともまやかしなのか——最終的には物事に意味はなく、ホワイトアウトしてしまうということなのか、判断するのはとても難しいです。

**井上**：私の考えでは、転生という発想には二つの意味が込められています。一つには、転生という発想は否定的な世界観を示唆しています。というのも、どの登場人物も同じ苦しみを何度も経験しなくてはならないからです。最終的に人は死に、別の生を手にしますが、また同じ苦しみを繰り返さなくてはならない。これはとても悲観的な見方です。でも、別の意味では、転生という発想はとてもポジティブで、楽観的なものです。というのも、一人の登場人物が別の登場人物へと生まれ変わることができる、つまり自分の魂を別の人に与えることができるわけですが、そうすると時間は永遠に続いてゆきます。こうした点では、転生はポジティブな意味を持っています。というわけで、転生には二重の意味があるのです。ですが、先ほど言いましたように、三島は物語の結末を非常にニヒリスティックなものに変えてしまった。しかし私は思うのですが、三島はあなたや私たちの世代に、そのようなニヒリスティックな見方をポジティブなものに変えるよう託したのだと思います。ウェブスターさんの演出はその格好の例

です。ニヒリスティックな結末が、ポジティブで創造的なものへと変えられています。

**ウェブスター**：私は、結末がニヒリスティックだとは思わないんです。結末は空無です。四作目の最後の章で本多は庭の中へと歩いて行きます。何の記憶もなく、ただ陽の光に照らされているだけの場所です。それがポジティブだったりネガティブだったりするといったことがあるでしょうか？　それはただ、空無なのです。三島は小説の結末に何らかの価値を与えているわけではありません。彼はただ、何かが断ち切られたと言っているだけです。本多は何度も循環を経験しているわけですが、聡子が「心々ですさかい」と言い、彼の中の何かが断ち切られます。彼は何らかの仕方で変わり、循環の外に出ることになります。

**井上**：では、舞台においては、絶対的な空無を提示された、ということでしょうか。

**ウェブスター**：そうです。三島が能に興味を持っていたことも、これと関わります。空無――イメージとイメージの間で、事物や空間を出来る限り最小限に表現しようとするのです。

**井上**：なるほど、とてもよくわかります。私が言おうとしたのは、三島は空無を彼なりの仕方で描いたのですが、ウェブスターさんもご自身の仕方で、新しいスタイルで空無を表現している、ということです。あなたの演出は空無を見せているというよりは――どう言ったらいいでしょう――ウェブス

ターさん自身の仕方で、次のレベル、別のレベルで空無を創りだしているように思われます。

**ウェブスター**：こういう風にも考えています。舞台上に、映画のように具体的な物がある場合は、観客は何かを思い描く必要はありません。自然主義的なセット、たとえばドアや窓や樹や車がある場合は、観客は想像力を能動的に働かせることを求められるわけではないのです。観客はただそこに座って、受け身でいればよい。しかし、たとえば棒で樹を表現したり、絵で樹を表現したり、あるいは身振りで月を表現する場合、それが樹や月だとわかるのは、観客が自分の頭の中で樹や月を創りだすことを求められているからです。観客の想像力は能動的になり、劇の進行に巻き込まれていきます。

**井上**：非常に面白いですね。あなたの舞台演出の本質はどこにあるかということが、よくわかりました。ところでウェブスターさんは、たくさんの種類の劇の演出を多くの国でなさっていますが、今回の『豊饒の海』はご自身のキャリアの中でどのような意義を持っているとお考えですか？　オペラやミュージカルのような舞台も演出されていますよね。『メリー・ウィドウ』がその一つですが、ぜひこの作品を拝見したいです。とっても楽しい劇ですよね。『メリー・ウィドウ』と『豊饒の海』はまったく異なった作品ですが、たとえばそのような相違についてはどうお考えですか？　あなたはなぜ多くのジャンルの劇の演出を手掛けてこられたのでしょう？

**ウェブスター**：違う種類のものをやる方がわくわくするんです。ええ、簡潔に言えばそうなります。違う種類の作品を手がけるのは、それぞれの舞台のためのスタイルや世界を創り出そうとすることでもあります。『メリー・ウィドウ』はオペレッタで、カラフルな衣装や歌、ダンスやジョークがあります。スタイルとしては総合演劇です。一方、『豊饒の海』は叙事的な演劇で、もっと簡素で、もっと単純で、演技がより重要になります。物語を伝えるために、別のスタイルが必要になります。

**井上**：ジャンルは異なるけども、相互に影響しあっているということもあるのでしょうか。

**ウェブスター**：はい。

**井上**：なるほど。では、三島の他の作品を演出するご予定はありますか？　次は何に取り組まれるのでしょう？

**ウェブスター**：三島はしばらくはやりません。自分なりの三島はやり遂げたと思っています。

**井上**：あなたはとてもお忙しいですものね。ただ、非常に多くの日本の演劇批評家や私のような文学研究者は、ウェブスターさんの演出をとても素晴らしいと感じました。信じがたいほど素晴らしい演出でした。ですので、次回作を楽しみにしていますよ。

**ウェブスター**：どうもありがとうございます。お話しできてよかったです。

**井上**：こちらこそありがとうございます。とてもお忙しいのに、急なお願いを聞いてくださり恐縮でした。お話しできてとてもうれしかったです。

2018 PARCO STAGE PRODUCE "三島 × MISHIMA"
『豊饒の海』
■原作：三島由紀夫
■脚本：長田育恵
■演出：マックス・ウェブスター
■出演：東出昌大　宮沢氷魚　上杉柊平　大鶴佐助　神野三鈴　初音映莉子　大西多摩恵　篠塚勝　宇井晴雄　王下貴司　斉藤悠　田中美甫　首藤康之　笈田ヨシ
〈東京公演〉
■公演日程：2018年11月3日（土）～12月2日（日）
（3～5日はプレビュー公演）
■会場：紀伊國屋サザンシアター TAKASHIMAYA
〈大阪公演〉
■公演日程：2018年12月8日（土）～12月9日（日）
■会場：森ノ宮ピロティホール

鼎談

「こころで聴く三島由紀夫Ⅶ」アフタートーク

# 近代能楽集「綾の鼓」をめぐって

■出席者　宮田慶子・松本　徹・佐藤秀明・山中剛史（司会）
■平成30年7月22日
■於・山中湖村公民館

三島由紀夫文学館・山中湖村教育委員会主催「こころで聴く三島由紀夫Ⅶ」が平成三十年七月二十二日山中湖村公民館で開かれた。

リーディング「綾の鼓」（演出・宮田慶子、出演・小林勝也、一柳みる、月影瞳、川口高志、寺内淳志、坂川慶成、加茂智里、阿岐之将一）上演に引きつづき、宮田慶子（新国立劇場演劇芸術監督・演出家）、松本徹（三島由紀夫文学館顧問）、佐藤秀明（三島由紀夫文学館館長・近畿大学教授）、山中剛史（三島由紀夫文学館研究員）によるアフタートークが行われた。本稿はその記録を適宜編集し活字化したものである。

## ■リーディングの演出

**山中**　宮田さん、本当にありがとうございました。また、お疲れ様でした。

**宮田**　とんでもございません、ありがとうございました。

（会場拍手）

**山中**　「こころで聴く三島由紀夫」も今回で七回目ですけれども、毎回拝見していて、ストレートプレイとしての舞台で観るのと、それからまた戯曲を読むことと、そのどちらとも違う感じがリーディングの舞台にはあります。あらためてこの戯曲の言葉の強さというものを意識させられるような、すばらしい舞台だったと思います。「綾の鼓」は、読んでみると一見簡単にわかりやすそうな感じもするんですが、上演となるとなかなかご苦労が多いんではないかと常々思っておりましたので、今回はどういったところに力を配られて演出をしたのか、あるいはご苦労された点なんかを、宮田さんにお伺いしたいのですが。

**宮田**　はい、そうですね、戯曲ではト書きがあり、リーディングではそれを読みますが、そこには装置の説明というのが入っております。真ん中に街路があり中空が見えるという、これはたぶん銀座あたりの設定なんですね。昭和二十五年に書かれた作品ですので、その当時の戦後まだ間もない頃の、ようやく日本が平和になってきたかなあという一息ついた頃の、でもまだまだ戦争の傷跡が色濃く残っているような東京の町。その銀座辺りの向かい合ったビルの三階同士という設定ですね。それで、装置としても上手側に洋装店があり、それから下手側には法律事務所がある、という設定になっています。

舞台の上演を私も拝見したことがあるんですが、何だかちょっと中空に浮いている、地面についていない、真ん中に空だけ見えているという何か不思議な浮遊感があって、現実味のないようなセットなんです。そして、両方のセットが離れているものですから、お客様があっち見てこっち見てみたいな感じになりやすくて、これは実際に上演すると演出家としては苦労すると思っておりました。かえって本日のようなリーディングの方が、お客様のイメージの中に、こっちの部屋、あっちの部屋というふうにわかって頂けるのかなとも思いました ね。こちら側の法律事務所の方は古ぼけていて、善意の部屋で真実の部屋と設定されています。上手に関しては最新流行の部屋で、悪意の部屋で、虚偽の部屋であるという。全くリアルな建物の設定をしていながら、非常に慣例的な部屋の分け方をしています。上手の洋装店はなぜ虚偽の部屋で悪意の部屋と呼ばれるんだろう、とみんなで考えました。それに対して、こっち側は、老人と女の子がしゃべるところがありますけれど、これをいかに善意の部屋にしていけばいいんだろうというようなことを考えました。二人の会話はいかにも素朴だけれども、七十代とおそらく彼女は十代後半ぐらい、まあ、はたちになるかならずだろうなと想定しているのですが、その歳の離れた二人が同じ恋する者として、お互いを励ましあうような会話を交わします。そういう中で設定されている善悪をどうやったら表現ができるだろうかということですね、そこがポイントといえばポイントで、苦労しました。

**山中**　今回は、一列に椅子を等間隔に並べていました。その椅子の並べ方も舞台と同じように上手と下手に分けるのかなってちょっと考えたものですから、いろいろと期待しながら拝聴しました。佐藤さんは、どういうふうに観ましたか？

**佐藤**　華子の台詞が前半は全然ないですね。リーディングですから、華子も舞台にいると思っていたのですが、途中から登場するという演出がなされていました。ストレートプレイでは登場しても台詞がなく、台詞がなくてもその存在感だけで持たせなければならないのですが、あまりうまくいっているのを感じたことありませんでした。けれども今日は、空白の椅子があり、中心がここにあるんだという感じがしました。それと、もう一方の中心の岩吉は七十歳ぐらいで、今の七十とは全然違いますね。外食券食堂が出てきますから、その時代の老人として素朴に演じられたんだろうと感じました。で、岩吉が変わっていくのですが、それが少しずつ、微妙なんです。岩吉は自分の恋を口に出すことによってある範囲を越えるのですが、少しぽっと頬が赤くなるような感じが出ているように見えました。

左・宮田慶子氏　右・松本徹氏

**山中**　ありがとうございます。リーディングといっても、観客は舞台の上を見ていますし、空白の椅子が空白の椅子としての効果というのもたしかに。またその意味では読む俳優の演技も重要になってきますしね。松本さんは、どういうふうに観ていらしたんでしょうか。

**松本**　私は長い間いろんな機会で舞台をみてきています。若いときは、やっぱりこちら側にずらっと並んでいた連中の立場から見て、老人をあざ笑うという、そういう姿勢で見ていたんですけれども、今度はもう逆にあざ笑われる立場になってこの芝居を見ると、何か岩吉がかわいそうというような気持ちが先に立ちました。私は、岩吉のような立場の老人が、ああいう美女を恋する機会を得たのは、これはものすごく羨ましい、老人冥利に尽きるという感じで、そんな気持ちで見ておりました。

**山中**　ありがとうございます。どの立場から観るかというのはそれぞれ異なりますけれども、岩吉と重ねてそこに実感をというのは、私などはまだまだ先というのもありますが

るのではと思います。(笑)、そういう立場から観ればまた異なったものが見えてく

いろいろと感想もあり、それからまた作品の背景とか、あるいはその元になりました謡曲の話だとかお話することがあるんですけれども、その前に、時間がなくならないうちに会場からのご質問あるいはご感想などございましたら、伺いたく思っております。挙手をお願いします。いかがでしょうか?

## ■鳴らない鼓

**質問者1**（女性） 今日はどうもありがとうございました。今日のリーディングを聞いてみますと、ここに「心で聴く三島由紀夫Ⅶ」って書いてありますよね。そうすると、その綾の鼓の音が出ない、革張りじゃありませんからね、網みたいなのになっているんでしょ。心を動かされるのは、その人の心を読み取って聞き手がそれに反応するところでしたね。

**山中** ありがとうございます。綾が張られていて音は鳴らないんですけれども、死んで亡霊になってから叩くと音が鳴る。今回はそれを鈴の音で代用していましたが、華子は本当は聞かせてほしいにも関わらず、肝心の華子には聞こえないというズレがあります。それをどんなふうに解釈するのかが、この作品のポイントの一つだと思うのですね。で、あえて音を入れない演出もあるんじゃないかと思ってたんですが、やはりここで音が入ります。宮田さん、あそこは何かお考えがありましたか?

**宮田** そうですね、前半でまだ岩吉が生きている間にその向かいの窓から投げられた綾の鼓をとにかく必死になって打つ、しかし、音は出ない。愕然として、からかわれたということになるわけなんですけれども、そのときにはやはり、綾って絹の薄いただの布で張ってある鼓ですから、絶対音は出ません。後半、亡霊になってから打つときは、これは心が響いている音に聞こえるといいなと思い、鈴の音を入れたんです。かつて拝見した舞台では、まさしく鼓の音をポーンって入れていた。二度観ましたが、どちらもそうだったんです。そのときにちょっと違和感もあったものですから、たぶん私だったら舞台で普通にやる場合も、後半の鼓の音は違う音を使うだろうなって思っていたんですね。このシリーズでは必ず生の音で、鈴とかいろんなものを持ち込んでいるんですけれど、やってみたらこの鈴が一番いいかなと。岩吉のまっすぐな恋の思いをあの澄んだ音で、ちょっとかわいい、儚さとか一途さとかそんなことが表れるようにと思いましたね。でも、解釈を先に申し上げると、あれはねえ、華子には聞こえてると思うんですよ。(会場笑) 聞こえてるくせに、聞こえませんっていうんですよ。

**松本** 聞こえていて、そう言うんですね。

**宮田** ええ。それでついに百回叩かせるわけですよ。自分の

左・山中剛史氏　右・佐藤秀明氏

書いた手紙と同じように百書いたら、百打ったら届くのか……と思って必死になって、亡霊になってまで百回叩く。で、ちゃんとあの音は届いているのに、聞こえない、聞こえないと言われて、ついに諦めて、最後にもう一回だけ打ってくれたら聞こえたのにって。とんでもないことを最後に言って（会場笑）、終わるんですね。まあ、強欲といえば強欲ですが、ひたすら愛されたいと願う、まあ女の業のようなものも感じますし……。いいですか、私の解釈を述べても。

**山中**　どうぞ。

**宮田**　私は、鳴った鳴らないっていうのはどちらでもいいはずだと思ったんですね。本当に恋しているならば、打ち続けろと（会場笑）。鳴るということで目的が達したと思うなと、とにかくひたすらいつまでも打っていてほしい。で、その打っている行為に対しての、甘美な満足感と言うのが必ず華子の中にあるんです。でも、鳴ったか鳴らないか、聞こえたか聞こえないかというと、聞こえないってずっと言い続ける。どこまでも、もっと愛してもっと愛して、だってあなたのその行為こそが愛でしょということを言い続けるんです。なんて怖い女だろう、ってことをよく稽古場で話しました。

**山中**　たしかにそうですね。無償性を求めるというか、叶うとか叶わないとかっていうことを目的においた時点でもうだめで、つまりもう関係なく死ぬまで叩けというような、むしろそういったようなかたちのところを求めているんじゃないかということですね。怖ろしき貪欲さというか……松本さんはご意見あるようですね。どうぞ。

**松本**　いやこれはね、皆さん結婚された男の方はみんな経験していることだと思うんですよ。（会場笑）

**宮田**　ええ、そうですか？（笑）

**松本**　結婚して、その上に毎日毎日愛しているよと言えと女房から言われ続けてるんじゃないですか？　健全な家庭ではね。

**宮田**　あら。

**松本**　だから、ある意味ではこれはそういう女の本質を突くとともに、もちろんそれだけのレベルじゃないのです。そこを突き抜けて、やっぱり永遠の愛、永遠のレベルまで届くものをこの舞台で表現しようと、三島さんがやっているんだろうと思いますね。

**佐藤** 松本前館長はやはり上品なんですね。私はもうちょっと下品に受けとめました。最後の華子のセリフで、聞こえるようにあきらめないで、早く私の耳に届くように、あきらめないでというのは、大変エロティックな言葉ですよ。もっと私を愛撫して頂戴っていう言葉じゃないですか。それを、もっともっとということを、老人に求めるんですよね。すごくエロティックであると同時に、これは老人虐待でもあります。

（会場笑）

**松本** あのねえ、彼けしからんですね。僕の顔を見ながらそれをいうんですよ。（会場笑）

**佐藤** いやあ、あからさまに言えばこういうことだと思います。

**山中** 老人虐待と出ましたけれども（笑）、松本さん何かありますか？

**松本** パワハラとかセクハラとか言いますから、老人の場合はなんていうの？

**佐藤** エイジハラスメント。（会場笑）

**松本** それに当たるおそれがありますね。（会場笑）

**山中** ……続きまして会場から、そちらの方、どうぞ。

## ■華子の演技

**質問者2**（男性） 宮田さんにお伺いしたいのですが、二点あります。一点が、鼓を渡して、鳴るか鳴らないかというところで、上手の人たちは笑いますよね、そのとき華子は同じように笑うのかどうかというのが一点。それからもう一つは、岩吉が笑うものは死んで腐っていく、でも笑われるものは死なずに生き残ると言いますね、その解釈です。それから、あのラストのシーンですけれども、私の気持ちとしてはやっぱり岩吉は諦めてよかったんだろうと思います。打ち続けていくと今で言うストーカーにならざるを得ないという気もしますし。書かれた時代が違いますんでね、あの時代は一途に思いつめていくことがきれいだったんだろうけれども。今の時代は世の中も厳しいし、諦めることも必要かなというのが私の思いです。今の二点、よろしくお願いします。

**宮田** 鳴らないということに岩吉が気づいたときに、上手の一同が大笑いしますが、あのときに、華子さんだけは笑わないでってお願いして、笑わないんです。それは、華子の狙いというか、心の中ではもっと別のものを求めているのだろうということとです。彼女はそこで次の賭けを考えていて、これだけでは終わらないと思っています。だって鳴らないのはわかっていることですから。岩吉をだましたその次はどうなるのだろうということが、華子の頭の中にはあるかもしれない。まさかの身を投げるとは、さすがに想定外だったのかも知れないですけれども。それだけの賭けを仕掛けてみて、そのあとはどうなるだろうということは、彼女の中でかなり真剣に思っているはずです。なので、笑わないだろうと解釈しています。

それから、岩吉が最後に自殺する窓に向かう直前に、笑われた人間は死にはしないし腐らないと言いますけれど、これはねえ予言というよりは人間としての最期の矜持というのでしょうか、自分を保とうとする言葉だろうと思うんですね。それは単なる悔しさだけではないと思うのです。

同じような言葉ですけれども、綾の鼓を投げられてトリックにはめられたとわかったときに、岩吉さんがどうしよう、どうしよう、って言いますね。それがとても素敵な言葉で、難しいんです。本当に小林勝也さんがすばらしい表現をしてくださったんですけれども。騙されたことに怒るのではなく、私の憧れていた人がこんなことをするなんて、という気持ち。岩吉は傷つくというか驚いてしまうんですね。で、どうしよう、どうしよう、と。自分の信じたあの奥様は容貌と同時に心の中も美しいに違いないと思い、岩吉はそのことを信じて恋をしていたはずなんです。見てくれだけではなく、人間としての美徳をもっているはずであった彼女が、こんなことをしたということで、岩吉さんは単に失望しただけでなく、人間に対して失望した。自分の最後の老いを賭けた恋と、最後の最後に信じようとしたものに裏切られた、というより一番悪い失望をさせらせたと思います。だから、あの言葉がやっぱりすごいと思っていて、それで彼は、最後の最後に人間はそうじゃないってことを呟こうとしたのかな。そう考えています。

**山中**　他にいらっしゃいますでしょうか。はい、それではどうぞ。

**質問者3**（女性）　私、この近代能楽集の中の「熊野」とかそれから「卒塔婆小町」なんかは舞台で拝見したことがありますが、リーディングは初めてです。舞台ですと、もうすっかり眼に入ってしまいますから、イメージが湧くというよりもわかってしまうという感じです。今日は非常にイメージが広がって、すごくよかったなと思いながら聴きました。俳優さんが一列に並んでいらっしゃるところが、またとってもよかったです。それから、主人公が途中から出てらっしゃるところも、なるほどなあと言う感じで、最初から舞台にいらっしゃるよりも、あの演出がとってもすばらしいなあと思いました。私、月影瞳さんは宝塚で活躍していた頃から存じ上げていて、だから言うわけじゃないんですけど、非常にぴったりのすばらしい演技だったと思いました。三島さんの作品はちょっと私にはいつも難しいんです。けれども、とてもイメージが湧き上がるいい演出を見させて頂いたと思いました。ありがとうございます。

**山中** ありがとうございます。やっぱり舞台でやると、上手と下手がかちっと両方でわかれてしまいますのでね。こちら側がいいもの、悪いものみたいに見えてしまうところがあると思うんですけれども、一列でやるという今回のリーディングのような上演だと、それとはぜんぜん違う形で、言葉に集中してイメージが拡がっていくようなところがあって、台詞や俳優さんの演技にまた新たな発見があったのではないかと思います。月影さんの、リーディングであるのに無言でも存在感があるところなど、本当に素晴らしかったですね。

……次の方、どうぞ。

**質問者4**（女性） 毎年このリーディングを拝見していて、自分が戯曲を読んだ時には感じなかったようなこととかを、演出と俳優さんのすばらしい演技を含めて拝見しました。私が戯曲を読んだ段階では、華子さんはどんな風に自分をよそおっても、もとがスリで、そういった過去を隠しても、表面的な愛情くらいしか得られない。そして本当の愛を捧げてくれそうな岩吉さんと出会っても、それでもやっぱり耳には届かない、そういう解釈で読んでおりました。なので、それとはまた違う演出を今日拝見して、心で聴かせていただくという体験をしました。きれいな月影さんが前に立って、それでお座りになっただけで、こうすべての力を集約するっていうのが、今回の上手と下手に分かれるのではない演出の中にもありましたし。岩吉さんの純粋な気持ちが高まってくるところもあって、すばらしいリーディングでした。宮田先生にお伺いしたかったのが、三島由紀夫戯曲のここが難しいところというか、ここが毎回苦労するというふうなことがあったらぜひお伺いできたらと思います。

**宮田** そうですね、毎年お話させて頂いていることですが、まず言葉ですね。一筋縄ではいかない言葉ばかりです。今あまり使われない言葉というのが、三島さんの本には出てきます。それと、慣例的な何かを表現する言葉というのも多いですね。やはり俳優も肉体は生身ですし、常にお客様も生きてらっしゃる、われわれも舞台も生きていて、ここは生きた空気が通っているという中で上演をします。それが二〇一八年のいま、上演が成立するんだろうかっていうようなことも含めて考えてしまいます。いかに体に落としつつ、言葉の美しさを保っていくかということで、やはり他の戯曲にはないようなハードルの高さを毎年感じますね。でも、毎年やりながら、もういま使わなくなってしまったけれどなんて美しい言葉なのだろうって思うんです。今回のこれもマダムのセリフの中に、「お下地」って出てきます。もう、言わなくなった、お醤油のことですね。あー、そう言えばおばあちゃんが使ってたなくらいの、「お下地」をつけて食べなさいって。そういうことも今回発見しました。そういう美しくて、でもいつの間にやらなくなってしまった日本の言葉、少なくとも戦後すぐくらいまでは残っていたであろう言葉が消え失せていることに、同時に愕然としたりしました。「お下地」って言われてもクエスチョンマークが灯るでしょう。お客様にどうお伝えしたらいいんだろうと考えますねえ。

ただし、最終的には三島さんの頭の中の複雑さというか、毎回そこに踏み入るような、探検に出かけるような気分で、戯曲を読み解きながら進みます。皮肉もありますし、諧謔もありますし。いま失ってしまっている気品ある表現が、どんどん難しくなっているなあと考えます。やっぱりこれからやっていくのに三島さんの戯曲はそこが一番難しいだろうなと、考えたりしますね。

## ■岩吉の存在

**山中**　他にいらっしゃいますか。はい、お願いいたします。

**質問者5**（男性）　私の解釈なんですが、やはり男は百回ラブレター出して求愛して、鳴らない鼓を鳴らそうとして、そうすると受け入れるかもしれない、そういう男と女の駆け引きですね。男はどこまで求愛すればいいのか、女はどこで落ちるのか、まあ最後には落ちそうだという感覚を持てたと思っています。

**宮田**　素敵、すごくロマンティックな解釈をありがとうございます。私はたぶん女だから残酷なんでしょうか、これでもう一回打って百一回になったら、じゃあ次って言いそうで（笑）。百二回打つと、次って言うのが女かなとも思ったりします。これ、男性と女性では解釈が違うかもしれないですね。

**松本**　そんなことないんじゃないですか。

**宮田**　そうなんですか？　じゃあ、松本さんいくつまでならお叩きになります？

**松本**　私のような者は最初からねえ、打とうだなんて思いません。（会場笑）

これで七回、この上演をやってきましてね、そして考えてみれば、七つの曲それぞれがやっぱりたいへん難しい問題を抱えているなとしみじみと感じました。たとえば前回の「熊野」は、僕らの気がつかない上演の苦しみ、苦労の勘所といったようなものを、はっきり突きつけられたような感じがしました。それから、今回は今回で、三島さんっていうのは天才は天才ですばらしい芝居を書いて、これもまたすばらしい芝居なんだけれども、やっぱり若書き、若造だっていう感じはあるんですね。それでたいへん苦労なさっている。お芝居を表現するのには苦労というものを見つけ出して、それと見合ってこられたんだなあということをつくづく感じました。本当にありがとうございました。

**宮田**　とんでもないです。

**山中**　他にいらっしゃいますか？　はい、どうぞ。

**質問者6**（男性）　今日は楽しく拝聴させて頂きました。質問はですね、解釈のことになると思うんですけれども、岩吉が、からかわれてビルから飛び降りて亡くなって、亡霊のような形で現れてくるんですけれども、このときの姿は、岩吉が若々しいときの岩吉で現れるという解釈は成り立つでしょうか?

**宮田** はあ。

**質問者6**（男性） 華子とつり合うようなぐらいの年で現れた、という解釈ですが。

**宮田** そうですねえ、考えてみなかったですね。裏切られるときに、どうしようどうしようって傷ついた岩吉の恋心から逆算して考えると、彼が若いときは、相手が美人ならばひょろひょろって好きになってたかもしれません。けれども年を取り、もう取り返せない自分の若さも含め、それから人間の美しい心根も求めて多分好きになっていったので、現れる時もそのままなのかなと思います。亡霊で現れた岩吉さんは、飛び降りてから一週間後の夜中なのですけども、ずっとあなたの枕元とここと行き来していたって言います。命は亡くなったけど、同じ思いだと思うんです。だからそういった意味では今のままの岩吉さんなのかなと解釈をしてみました。

## ■謡曲との関係

**山中** 宮田さんありがとうございます。それでは、そろそろトークに戻りたいと思います。

少し原典の話をしたいんですが、元になった謡曲ですと、もう少し救われない話でして。女御の前に岩吉が化けて出てきて、恨み言を述べてそのまま救われず終わるという陰鬱なものになっています。それで今回のリーディングを拝見していて、もしかしたらこれは謡曲を意識されたのかなという箇所がありまして。岩吉が亡くなり、そのあとにチーンチーンと鳴りましたよね。あれは原曲ですと鼓の音が聞こえたということで、女御が物狂いに入っていくというニュアンスがあります。それを意識されたのかと思ったんですが、そのへんはいかがでしょうか。

**宮田** そうですね、能楽の方もそうですけど、ここで明らかに異界に行くので、別次元に行かなくちゃあいけないなと思いました。で、何がいいんだろうと考えて、リーディングですし、音でいくしかないかなと。ここで何か空気を変えてくれる音を探して、ちょうど夜中の二時なんです。丑三つ時でおそらく、あの洋裁店の時計が二点鐘なんですね、あのチーンチーンって二つ鳴る。それにもひっかけてみようと思いました。

**山中** 「葵上」の時も確か深夜に鳴り響く電話が、異界への入り口という役割がありました。原典ではあれは弓の音でしたけれども。原典との関係について、佐藤さんはいかがお考えでしょうか。

**佐藤** お能の中にある観念を三島が気に入ってそれを作品化したと考えてみますと、要するにこれは、特別な恋というものが描かれているということですね。岩吉にしてみれば年齢差もあり、お能の場合ですとあきらかに身分差というものがあるわけで、全くつり合わない恋ですよね。全くつり合わない恋をするところに、岩吉という人の何かが現れ出てきてしまったと思います。岩吉は七十歳になって今までにない恋をしてしまったということで、彼の生きてきた経験も何もかもが全部無効になってしまったわけです。初めての特別な恋愛が起こるんです。ということは岩吉にとっては過去というものもないし、恋愛が成就したとしても未来の展望もなく、現在だけを生きている状態に入っていくんですね。そういう点で特別の恋です。

それと華子も、普段から色々な男に言い寄られていて、世間並みの男の恋ではつまらないというところが彼女の中にあります。ですから、年齢差もあり、職業的な違いもあって、普通は成り立たない恋を乗り越えてまで恋文をくれる人には、何か特別の思いを感じたのではないか。それを自分は何とかしたい。受け止めたいけど、まだ特別さが足りないっていうようなところがあったんだろうと思います。

ですからこれは、そもそものところから非常に劇的な始まりなんですね。そこのところがうまく入ってこないと、ちょっとわかりにくい戯曲かなと感じました。ただ舞台では、その気持ちはよく出ていたなと思いました。

**山中**　おっしゃるような華子と岩吉の関係が、やはりドラマ的な対立、焦点になってくると思うんですね。原曲の謡曲の方ですと、恨みながらそのまま終わるという救われないかたちなのですが、そこを三島さんは現代化と共にある種逆転したようなかたちに再構築します。華子の方が勝つというか、勝ち負けの話じゃないんですけど、そういうようなかたちに見えます。ただそこも単純に本当にそれでいいんだろうか。で、いま佐藤さんがおっしゃったように岩吉も華子も、ちょっとただものではない感じがあります。これをどういうふうに考えるかという解釈の話なんですけれども、解釈を具体化される演出家としては、いかがでしょうか？

## ■華子の位置

**宮田**　そもそも原曲では、庭掃きの老人と位の高い女御との恋ですけど、これを三島さんが『近代能楽集』に書き直そうと思われたときに、なぜ銀座の洋裁店と法律事務所したんだろうということを考えました。ここに最大の仕掛けがあるというか、暗示になっていると思います。からかうということの、人間性の卑しさを表現するためのものでしょうか。上手側の洋装店、あの軽佻浮薄なトリオがいますね。あれだって踊りのお師匠さんと外務省の役人とそれからその大学の後輩の何だかわかんない遊んでいるお兄ちゃんですよ。この一番若い青年にいたっては、おそらく親の金で好きなことやって道楽やって、年上の小金をもった兄貴分たちと同じように肩を並べて華子のことを恋している。実体がないというか、そういう人ですね。この時代になぜ外務省なんだろうという話も稽古場でしたんてす。まだ戦後間もなくの二十五年六年という年ですね、二十六年の対日講話条約、日米安全保障条約とかそんな時期に何で外交官って。

**松本**　対米政策の交渉役という大きな仕事があった時代ですね。

**宮田**　そうです。面白い設定だということも話し合いました。それから法律事務所がなぜ善意なんだろうかということも。確かにそこで働いてる小使いは善だと思いますけど。この先生も、人が良くて近頃全然儲からないとも言っていますね。

**山中**　そうですね。狡知に長けた人間だけが儲ける……

**宮田**　弁護士さんにもいろいろな方がいらっしゃるじゃないですか。国選の弁護士だけやってらして、本当に貧しいけれど正義のために戦ってらっしゃる方と、それから大金持ちの弁護しかしないとう方もいて。きっと三島さんの中にいろいろなものが繋がっていて、ここにいろんな要素があるんだろうなと思いながらも、まだ全部の謎解きは出来ないでいるんです。

それからメインの華子は、なぜ奥様と呼ばれているか、誰の奥さんなんだろう、でもお腹に三日月の入れ墨があり、かつては三日月と呼ばれていた女スリが、誰の奥さんになったんだろう、ということも。銀座の洋装店で仮縫いをするようなオーダーメイドのお洋服を年中お作りになっているってことは、旦那さんはお金持ちなんでしょう。でも、財閥の奥様というのも変ですし、そんな前科のあるような女を正妻にする財閥さんはいないから、これは多分よっぽど年が上で奥様が早くに亡くなられたかで、綺麗だから後妻にでも入ったのか。奥様と言う通称だけれども、お妾さんとか。取り巻きたちは何でくっついているのかというと、旦那さんが財閥なのかそれともその筋の戦後成金か、のし上がってきた新興勢力の人かとか。取り巻きたちは、何らかのおいしい汁を吸うのが目的で、この奥様の周りに取り巻いているに違いないと。単なる美貌だけに惹かれているわけがない。そうすると色と欲とが絡んだ状態でこの奥様の周りにまとわりついている連中ということになりそうです。それでもそれを良しとしてみんなをはべらしておいて、一方で奥様の心の中はまったく違うもの、ちやほや言ってくる男たちにも飽きた、金を貢いでくれる男にも飽きた、私が本当に欲しいものはただひたすら愛してくれる人。そういうところに行っちゃたんだろうなって、そんなことを稽古のときに話していました。

**山中**　時代性といいますか、いまのお話を伺っていると、奥様は例えばGHQの高官の愛人をやっていた鳥尾夫人などという人が昔いましたけど、そういう夫人を想像させます。偽物の仮面の生活を送りながら、浮薄な連中に混じって日々を過ごし、だがその一面では、真実や深い心情を求めるというような、そんな図式を想像させるところもあります。松本さん、いかがでしょうか。

**松本**　この奥様は、日夜パーティーなんかを開いてるわけですよ。そして自分が主催するパーティーを抜け出して洋裁店にやって来るわけですね。パーティーを開いて男どもにちやほやされてる奥様なんでしょうね。いまいろいろ想像をさせてもらって、そういう演出されてるのを伺ってですね、なるほどなと私は思いましたね。

だけど三島さんのこの作品は、やはり若書きで、自分の楽屋裏を透かし見させるようなところが出てますね。この若い三人組なんていうのは、三島さんの若い友達同士のおしゃべりが透かし見えるような、そういう感じがあるんですね。

それだけ三島さんのいる場所とこの舞台の間の距離が近いんです。で、この近さというのは、やはりこの作品にとってはマイナスなんだろうと思います。そういうマイナス点を背負い込みながら、しかし最後はやっぱり見事なゴールだったと思います。この作品は、純粋で超越的な絶対的な愛、そういう言葉は僕らはあまり口にしたくありませんけれども、そういうものを正面から追求していく、そういう姿勢がここにスーっと出てくるんですね。それが僕らの心を常に本当にひきつけていく。確かに華子さんの聞こえない聞こえないって言うのは、これはいろんなニュアンスを持っていて、それを現在の館長がなんか変なこと言ってましたけど。（会場笑）

**松本**　そういういろいろなことを含みながら、どんどん華子の気持ちは、聞こえない聞こえないって言うことによって、本当に高まって純粋なところまでいっている。ある人間が到達できるその一線を、多分ここで突破するわけですね。で、残念ながら男はそれにどうも付き合いきれないところはありますけれども。男として為すべきことは、岩吉さんやりましたよっていう僕はそう言ってやりたいですね。そういう所までこの芝居は書けています、そう私は思いました。

**佐藤**　華子に入れ墨があるということですが、三島由紀夫の『豊饒の海』の第一巻『春の雪』の挿話を思い出します。この中に、副主人公の本多繁邦という真面目な学習院の学生が、こんなことを言いますね。自分の好きな女が清純な女だと思っていたら、実はとんだあばずれだったとしたらどうだろうかっていう議論を仕掛けるところです。あばずれだとわかった後でも、清純な乙女だと思っていたあの時の気持ちのままにその女を愛せたらどんなに素晴らしいだろうと。青年らしい議論ですね。これを現実と虚構の違いと見て、現実が分かったとしても虚構のままに生きられたらどんなに素晴らしいだろうと言い換えることのできる箇所です。今回リーディング聴いていて、そのことを思い出しました。三島由紀夫的なテーマがこういう所に出てでているというそんな感じを持ちました。

**山中**　入れ墨と言えば「黒蜥蜴」もそうでしたけれども、『春の雪』のその一節を考えてみるとグッと深まりますね。

現実無くして虚構は生まれないが虚構無くして現実は意味を持たないというか……三島的二元論かもしれませんが、そのご指摘は重要だと思います。

## ■最後に

**山中**　ところで、今回「こころで聴く三島由紀夫Ⅶ」ということで、『近代能楽集』を七作目まで上演していただいてきましたけど、宮田さんとしては、今回で一応区切りというお話があるようですが。

**宮田**　そうなんです。実はあと「班女」だけをやり残しているのですけれども。

**山中**　残念ですけれども、七回続いてきたシリーズの最後ということで、一言お願いしたく思います。

**宮田**　新国立劇場としてこの事業をやらせていただきました。それでおかげさまで八年間の任期がこの夏で終了致しまして、新国立劇場の演出監督を離れるので、一旦区切りを入れさせていただきたいと思います。「班女」を残しているのが心残りなので、またちょっと何か考えようかなって思っていますが。毎年来て下さった方たち、本当にありがとうございます。

（会場拍手）

**山中**　宮田さん、本当にありがとうございました。今おっしゃられたように七作であと一作「班女」が、また違う形ででも上演されればと思います。

**松本**　（会場へ）もっと鳴らして下さい、もう一打ちお願いしますということですな（笑）。（会場拍手）

**山中**　……たいへん名残惜しいのですけれども、時間が参りましたので、これにてアフタートークを終了させて頂きます。最後に、今までリーディングを上演してくださった宮田さんに、それから今回の俳優さん及びスタッフさんにもう一度盛大なる拍手をお願いいたします。本当にありがとうございました。（会場拍手）

### ■プロフィール

宮田慶子（みやた　けいこ）演出家、新国立劇場演劇部門芸術監督。昭和三二年（一九五七）東京生まれ。学習院大学国文学科を中退、青年座研究所を経て、青年座に入団。「セイムタイム・ネクストイヤー」で平成二年文化庁芸術祭賞、「ＭＯＴＨＥＲ」で平成六年紀伊国屋演劇賞個人賞、「ディアー・ライアー」で平成一〇年度芸術選奨新人賞を受けるなど、受賞多数。オペラ「沈黙」を手掛けるなど幅広く活躍、三島作品は「朱雀家の滅亡」を平成一九年と二三年の二回演出。「こころで聴く三島由紀夫」では平成二四年第1回よりリーディング演出。

# 『三島由紀夫』を読み直すこと

ガルサン・トマ

国内外のあらゆる作家論や作品論の中で、これまで最も論評されてきた日本の作家は、三島由紀夫であろう。今なお新たな三島論や評伝が頻繁に出版され、それらからは、三島を読み直そうという意志がたびたび感じられる。にもかかわらず、これらの三島論を読むとしばしば既視感にとらわれる。また「三島」という言葉自体、「ニヒリズム」・「ロマンチシズム」・「国家主義」・「古典主義」・「サド－マゾヒズム」など、一定の「〜イズム」や「〜主義」を連想させるが、長い間使用されてきたこれらのフレームを取り去るのも、困難なことである。本稿では、こうした閉ざされた意味世界を分析した上で、三島に取り組むための新しい視点や方法論を提案したいと思う。

## 〈三島〉という、浮遊するシニフィアンの行き詰まり

既に論じられているように、三島論が持つ反復性は、三島の人生と三島の作品の、強いられた関連性に起因している。特に一九九〇年代までは、三島という人格から離れて三島由紀夫の作品を分析した研究は少なかった。柴田勝二はこうした状況を次のように解説する。

> 作品における虚構を通じた自己表出とともに、こうした自身を異物化していく行動が、第一に三島由紀夫という〈表現者〉を形成している。そのため三島を論じる者の多くが、作品世界への切り込みよりも、こうした行動者、生活者としての異物性のあり方の解明の方に熱意を注ぐことになった。重要なのはしばしばそれが、三島の作品を評価する際にも、前提的な枠組みとして作用し、そこから演繹的に作品への眼差しがもたらされてくるということだ。むしろ実生活における〈表現〉への親近が、三島の文学に対する理解の条件とされるかのような傾向さえ見られる。一九九〇年代に出され、注目を集めた三島由紀夫論の多くが、三島の知己であった論者の手によって成っていたことは見逃せない傾向である。(1)

柴田勝二が指摘した演繹的な眼差しは、「三島（という人）

から作品へ」だけではなく「作品から三島（という人）へ」迫ろうとする眼差しでもある。このようにして、三島由紀夫から三島作品へ、三島作品から三島由紀夫へという循環が出来上がり、それが作家と作品の間の境界をぼやけさせた。三島由紀夫を扱う評論家には、「テクスト」を論じながらも、テクストの向こうに存在する、〈三島〉という作品・作家を一括する、浮遊するシニフィアン（floating signifier/signifiant flottant）を目指す傾向があるのだのはこれに起因する。

一九九〇年代から、こうしたパラダイムに少しずつ変化がおき、柴田勝二・井上隆史・佐藤秀明などの新しい世代の評論家・研究者が登場し、三島研究における三島由紀夫のペルソナや伝記からの、不均衡な影響力を批判しはじめた。井上隆史は、三島由紀夫の友人や知己のうち特定の誰かを手がかりとして〈三島〉を理解しようとする目論見の意味自体を疑って、「十人の友人が居れば、なんと十人の三島がいる」と指摘した。(2)『三島由紀夫の文学』と題する論文集を発表した佐藤秀明も、同様にテクストを優先していた。(3)フランスではアニー・セッキ（Annie Cecchi）という比較文学者が、文学や美学に基づいたアプローチで三島の作品を取り上げた。(4)

しかし、それでも三島研究が、〈三島〉という作家・作品論を一括する浮遊するシニフィアンからのアピールを完全に免れるようになったわけではない。三島由紀夫の人格を理解できれば、三島の文学を理解できる、という視点がいかに陳腐になっても、三島作品を読むことで〈三島〉というシニフィアンの「鍵」や「核」などを発見することができる、という信念はいまだ残存している。私は〈三島〉を一つの「謎」として取り上げて、それを解こうとする方法論に対して不満を覚えている。「鍵」や「核」などを探求していく本質主義的な過程で、三島のテクストの多様性や多義性が無視されているからだ。ただ一つしかない「核」や「謎」を探求することより、むしろ三島文学の多様性や多義性を提示することが、三島由紀夫を論じる評論家の義務であるだろう。このためにはまず、三島文学の多用性や多義性を制限する、〈三島〉という浮遊シニフィアンの働きを把握することが重要だろう。

その際に忘れてはならないのは、〈三島〉という浮遊するシニフィアンを作ったのが、三島自身に他ならないということだ。聖セバスチャンに扮しての写真撮影や、その劇場的な死など、彼自身が作品と作家の差を攪乱し、自らの作品を〈三島〉という曖昧な範囲の中で読むよう読者を誘導するのだ。また三島は自らの小説に、自身のペルソナを投影させた登場人物をよく描いている。例えば周知のとおり、『鏡子の家』（一九五八-九年）に登場する四人の主人公は、作者自身の性格を連想させる。スポーツ好きの三島、俳優の三島、芸術家の三島、凡庸な人生を送りたい三島は、それぞれ峻吉、収、夏雄、清一郎という登場人物へと反映されている。このような、虚構と現実の境界をぼかす操作は、しばしば遊技的あるいはアイロニカルに見える。また『美しい星』（一九六二年）という小説には、作中人物が「三島由紀夫」によって書かれた戯曲を見に行って、その作品の出来栄えを悪評するという場面が存在する。だが、一般に三島は虚構と現実・作品と作家の差を攪乱することで、〈三島〉というシニフィアンの中ですべての意味を包括し、作品から多義的、多様的な読みが生じるのを妨げようとする。エッセー『太陽と鉄』（一九六八年）では、エクリチュールを、より広義の実存主義的手続きの一つとして埋没させ、そうすることでテクストの果たす役割を、〈三島〉という大きなシニフィアンの一部分を成す指標へと縮小させている。同様に、一九七〇年一一月一二日から一七日にかけて行われた、作者自身が企画した『三島展』において、「書物の河」は〈三島〉を形成している四つの河のひとつでしかなかった。三島が書いた本は『三島』の構成要素だけであり、「行動の河」、「舞台の河」と「肉体の河」と共に読ませることを、作者は誘導していたのだ[5]。

『太陽と鉄』の分析のため、ギャヴィン・ウォーカー（Gavin Walker）はラカンの「ポワン・ド・キャピトン」（point de capiton）（クッションの綴じ目）という概念を用いた[6]。「ポワン・ド・キャピトン」とは、シニフィアンとシニフィエが結びつき、意味をオーガナイズする接点を指す。『太陽と鉄』においては、〈私〉がその役割を演じている、とギャヴィン・ウォーカーは論じている。ギャヴィン・ウォーカーの分析を踏まえるならば、〈三島〉という浮遊するシニフィアンこそが、三島研究における「ポワン・ド・キャピトン」になっていると言えるだろう。〈三島〉という、認識論的に曖昧な概念が、作品と作家の伝記とを結び付け、三島のテクストの意味が一つの焦点にあることを示唆するのだ。三島自身が作り上げた「ポワン・ド・キャピトン」から免れるための一番簡単な方法は、三島という人を無視することであろう。「ポワン・ド・キャピトン」こそが作品と作家の綴じ目であるため、テクストだけに集中することで、これらの問題が解決されると考えられるからだ。

## 〈読者〉を支配すること、三島由紀夫文学の罠

しかし、自らのテクストの意味や解釈をコントロールするために、三島が用いるのは〈三島〉という浮遊するシニフィアンだけではない。三島は自身の作品について、多くのコメントや解説を残している。三島は、あたかも評論家の評論を見越すかのように、後書き、論文、再版などのパラテクスト[7]（paratexte）を通して、作品の正しい解釈を提示する作家であったのだ。従って、「作品から人へ」「人から作品へ」の解釈学的な循環を回避することができても、三島のエッセーから三島の虚構作品へという新しい循環を、しばしば評論家は作ってしまう。『文章読本』（一九五九年）、『私の遍歴時代』（一九六三年）、『太陽と鉄』などのエッセーは、自らの文学的基

準や理論の紹介としてだけではなく、自身の作品や文学キャリアを読むための手引きとしても著されている。ある作品を研究する際に、その作品のパラテクストを考慮することはもちろん重要だが、パラテクスト自体が読者や評論家の解釈をコントロールする方法であることを忘れてはならない。これは、三島のような「コントロール・フリーク」を論じる際に、特に重要な点である。

だが、三島文学の読者への影響力は何よりもその作品の中にある。三島は整然と構成され、筋がクライマクスへ収斂していくような小説を書いていた(8)。三島の文学になんらかの定型を措定し、それを見出そうという評論家の習慣は、三島のテクスト自体の、この厳密な内的構造と関わっているだろう。小説の整然とした構成の裏には、何か本質的な構造があり、それを把握すれば三島の「核」に近づくことができるという錯覚。実際、その整然とした構成や登場人物・概念の対照的な関係（英雄対反英雄・行動者対目撃者・肉体対精神・男性対女性・青年対老人など）を考慮した時、三島の小説は、何か本質的な構造に還元することができるのではないかという印象を与える。しかし、話の筋や文章を詳細に分析すると、その対称的な構図の裏に、対称自体を崩す紛糾した世界が現れる。言い換えれば、三島の小説が示唆する二元論的で対称的な虚構的環境は、一種のおとりにすぎないのである。その対称関係・澄み切った世界を把握しようとする過程で、読者は少しずつ三島が作った意味的な迷路に囲まれ、テクストの行き詰まりに陥ってしまうのだ。

しかしこのような意味的な罠は、三島由紀夫の文学における詐害的誘惑の一つの例だと言える。物語の迷路と豊かな文章を通して、三島は一方的な作者読者関係を強いる。ここで不思議なのは、いつも作家の作品と作家の人生を結びつけて考える評論家が、三島の露出趣味と三島の文章との関係性に触れていないことである。三島は難解な漢字、間テクスト性、紛糾したプロット、洗練された比喩などを用いて、作家としての自らの優越性を読者に印象づけようとする、露出趣味的な作家である。この全体的なテクストは様々なレベルでわれわれを刺激し、感嘆と沈黙を誘う。この一方的関係を課している文章が対照的な反応を引き起こしていることは、驚くべきことではない。読者は、このテクストの見せびらかしに身をゆだねて、三島の文学的な世界に耽るか、それに抵抗して作家の露出欲望を拒否するか、いずれかしかできないようだ。

このように、三島由紀夫のパラテクストと三島文学の露出性に妨げられ、作家を無視した、伝統的な構造主義のアプローチが、いまだ十分になされていないように思われる。テクストにも術策や誘導操作が機能しているし、テクスト自体からはコントロール・フリークとしての三島が想起される。もし「作家は死んでいない」ことを証明する必要があれば、三島はその例証として使えるだろう。どれほど作家のフィギュアを無視しようとしても、作家のファンタスム・強迫観念・有名な伝記の逸話などが、いつもその文学に纏わり付いてくるのだ。こうした世界に対して、読者は解釈的な自由を持っているのだろうか。この厄介な作家のフィギュアをどのように扱えばいいのか。ささやかながら、最後に、三島由紀夫文学研究を改革するための意見や方法論を提案したい。

## 作者の操りを読む、反作家読解、ユーモアを見出す

ここまで、作品と作家の境界をぼかしている〈三島〉という浮遊シニフィアン、作品の意味を抑えているパラテクストや文章の露出趣味を分析しながら、読者に対してテクストの読みをコントロールしようとする、作者三島由紀夫の支配や操作を取り上げてきた。作者の公共イメージに由来する解釈の偏りは以前から研究対象とされ、分析もされてきた。猪瀬直樹が執筆した伝記の英訳や、ジェムス・キース＝ヴィンセント、ギャヴィン・ウォーカー、ニーナ・コルニエッツなどの研究が示しているように、日本だけではなく外国でも作家のペルソナの問題性が取り上げられている[9]。しかし、テクスト上の操作や支配に関しては、まだ十分に研究されていない。従って、三島研究においては、より読書・読者論を考慮に入れることが必要だと考えられる。

三島由紀夫のコントロール・フリークを回避するために、まずは彼の文学における操りの手法を明らかにすることが大事であろう。三島由紀夫がどのように読者の読みや解釈をコントロールしているかを理解すれば、作家によって誇張された影響力から、いま少し離れることができると考えられる。私は『豊饒の海』の第二巻『奔馬』における読者への操り操作を分析しつつ、その操り操作の様々な文学的なデバイスが、テクストの中のテクストをなしているという仮説を立てた[10]。この操り操作を編成しているテクストの中のテクストを明らかにする過程で、読者は作者の影響から解放され、もっと積極的に三島を読むことができる。こうした注意深い読解は、三島文学を痩せさせるどころか、その豊かさを新しく解明するものであると考えられる。三島の文章の特徴は、その操り操作の複雑性からきていると推測される。そして、三島の読者として、操作それ自体を読むこともまた一つの使命であるかもしれない。

ここでは、作家よりもむしろ、テクストの解釈をコントロールする作家の権威が問題点となるであろう。自らのテクストが持つ権威を利用して、作家が予め統一的な解釈を促している。作家のイメージも読者の読み方に影響している。近年、フランスで反作家読解（lecture contrauctoriale）という概念が誕生したが、それに基づいて三島由紀夫を再読することも有効だと考えられる[11]。もちろん、反作家読解という概念には、論争的で闘争的な文脈が存在する。これは作家に〈反する〉

過程で、読者の自由や権威を支持することができる、という考え方を示している。だが、反作家読解というのは、「作家」に反対するというよりも、自分の作品の注釈者である作家に反対するという読解方法である。作家は自らの作品の面白さが分からない場合もあり、自作品に対しての作家所有権を没収してもよいとソフィ・ラボ（Sophie Rabau）は述べた。[12] 同様にロール・デプレト（Laure Depretto）は作家を二つに分け、評論家が作家②に反論するため、作家①を使う権利があると指摘した。[13] つまり、既に存在する解釈を再確認するようなテクストを避け、その解釈を動揺させ得る、馴染みのない三島のテクストを参考にした方がいい、ということである。われわれは、それを通して作家と作品を、より多様化することができるだろう。

例えば、『憂国』という三島の短編小説は、一般的には厳粛で、真面目な作品として扱われている。しかし、近年確認されたように、『憂国』を書いた頃、三島は榊山保というペンネームで、『愛の処刑』という、滑稽でホモエロチックな切腹の物語を発表していた。『愛の処刑』を考慮に入れつつ、厳粛で真面目な作品と思われる『憂国』を読み直す必要があるだろう。ここで、三島の新しいテクストやパラテクストを促している発議は、支配的な役割を果たす。一五年前最終的にまとめられた『決定版三島由紀夫全集』には、三島研究を一変させる資質が含まれていると思われる。特に三島由紀夫の非公式的な作品や、未発表原稿を包含する『補巻』は三島に関する批判的思考を一新する材料であると言える。『愛の処刑』のような作品を全集に組み入れることで、表の作品だけではなく、三島テクストのキャンプ的な裏を含んだ、三島作品の両義性をも読むことができる。

『愛の処刑』のような作品からは、三島の作品におけるユーモアを感じ取ることができる。しかし多くの評論家は、三島をユーモアのない作家だと考えている。例えば、町沢静夫と吉本隆明は、三島文学にはニーチェが評価した、〈遊び〉の魂がないと主張している。[14] だが、たしかに多くの三島作品は厳粛な雰囲気があるが、三島の文学にはユーモアやパロディなどの要素も見出すことができる。『愛の処刑』が示しているように、この作品からは、オート・パロディの機能の存在が考えられる。一九六二年に発表された『美しい星』には、自分達が、地球を助ける使命を負った宇宙人である、と考える一家族が登場する。このような笑劇的な小説は、一九六〇年代の三島作品にいつも現れていた世俗の拒否、理想の憧れ、ロマンチック・アイロニなどのテーマを、三島由紀夫自身が揶揄していると考えられる。私たち評論家はこのような作品に基づいて、三島について新しい視点を提供することができるのではないだろうか。

## 結論

三島研究における循環論法は知られている。作家論と作品論の差が曖昧となっているせいで、しばしば評論は、環状の円を描いている。しかし、どのようにすればこの循環を乗り越えられるかという点については、まだあまり研究がなされていないように思われる。本稿では、その循環論法の作用を再び規定し、三島文学を読み直す方法を提案した。新たな読み方を見出すためには、三島の作品が作りあげる、一方的な作者読者関係から抜け出すべきだ。作家のユーモアと多義性は、作者の操作を読んだ上でこそ、あたらしく見出させることができるだろう。あるいはそれは、反作家的な読解になるかもしれない。しかし、そうした方法はわれわれに三島文学の新たな価値を認めさせてくれるかもしれない。

（パリ第七大学准教授）

注1　柴田勝二『三島由紀夫魅せられる精神』東京、おうふう、二〇〇一年、五頁。

2　井上隆史『三島由紀夫　虚無の光と闇』東京、試論社、二〇〇六年、一六頁。

3　佐藤秀明『三島由紀夫の文学』東京、試論社、二〇〇九年。

4　Annie CECCHI, *Mishima Yukio, Esthétique classique, univers tragique, D'apollon à Dionysos à Sade et Bataille*, Paris, Honoré Champion, 2000.

5　佐藤秀明「三島由紀夫展」。井上隆史、松本徹、佐藤秀明『三島由紀夫事典』東京、勉誠出版、二〇〇〇年、六〇六-七頁。

6　Gavin WALKER, "The double scission of Mishima Yukio, Limits and anxieties in the autofictionnal machine", in Nina CORNYETZ and J. Keith VINCENT (ed.), *Perversion and Modern Japan*, New York, Routledge, 2010.

7　パラテクストというのは、テクストにまとわりつき、テクストをどんな枠に入れるかのレッテルをつける文章である。題名、副題、前書き、後書きなどはパラテクストを形成している。（Gérard GENETTE, *Seuils*, Paris, Éditions du Seuil, 1987）。出版社もパラテクストの練り上げに大きな役割を演じているが、三島作品の場合、作家の影響が比較的大きかっただろう。

8　「そのころ、私の内部の「ドルジェル伯の舞踏会」は、完全に洗い上げられて、玻璃の建築のような透明な骨組ばかりを現わしてきた。そして、いつまでも目に残るのは、すべてを引き絞って大団円への効果へ収斂してゆく、その光学的構造であった。小説におけるこのようなクライマックスの古典悲劇風の強め方は私の小説方法から、追っても追っても追い出せない要素になった。」『一冊の本―ラディゲ「ドルジェル伯の舞踏会」』in 鹿島茂、『三島由紀夫のフランス文学講座』東京、筑摩書房、二〇〇〇年、一九-二二頁。

9 ニーナ・コルニエッツ「行為する欲望。三島由紀夫」竹内孝宏訳、ユリイカ、二〇〇〇年一一月と二〇〇一年一月。James Keith VINCENT, «Mishima, notre homofasciste préféré», *Multitudes* n13, 2003, pp. 69-78; INOSE Naoki & SATÔ Hiroaki, *Persona a Biography of Mishima Yukio*, Berkeley, Stone Bridge Press, 2012. Persona a Biography of Mishima Yukio, Berkeley, Stone Bridge Press, 2012.

10 Thomas GARCIN, «La figure de la prolepse dans *Honba* de Mishima Yukio», in Martine Julien & Malinas David-Antoine, *Japon Pluriel 11*, Picquier, 2017, pp. 245-254.

11 Sophie RABAU, «Lire contre l'auteur (le lecteur)», dans Sophie Rabau (dir.), *Lire contre l'auteur*, Paris, Presses Universitaires de Vincennes, 2012

12 Sophie RABAU, «Lire contre l'auteur (le lecteur)», dans Sophie Rabau (dir.), *Lire contre l'auteur*, Paris, Presses Universitaires de Vincennes, 2012, p. 117.

13 Laure DEPRETTO, «Qui m'aime me contredise!», in Sophie Rabau (dir.), *Lire contre l'auteur*, Paris, Presses Universitaires de Vincennes, 2012, p. 70.

14 町沢静夫・吉本隆明『遊びと精神医学』大阪、創元社、二〇一五年（一九八六年）、一〇二-一〇四頁。

## ミシマ万華鏡

松本　徹

ある人に会ったら、最近は三島ブームですね、と言われた。「え?」と怪訝な表情をすると、次々と作品が舞台に掛かっているではありませんか、と言った。なるほど、そのとおりである。

浮世離れした暮らしをしている筆者にしても、誘ってくれるひとがあり、『豊饒の海』、オペラ『金閣寺』を見ている。そして、たまたま手にしたチラシを見て、『熱帯樹』も見ようよと言ったら、「もうとっくにチケットは売れ切れです」と言われてしまっていた。

『熱帯樹』はなかなか舞台に掛からない戯曲だが、ナントカいう人気タレントが出演するのだと言う。『豊饒の海』にしても、じつはそうであった。およそ「新劇」の観客層――三島が戯曲を書いたのはこの「新劇」のためであった――とは違って、昨今はもっぱら若い女性たちだと言う。

いまや三島の舞台は、タレントの熱いファンに支えられているらしいのだ。

三島は、「新劇」時代の劇作家ではあったものの、観客の存在、そして劇場なるものについて、よく考えていた。「鹿鳴館」を初めとする多幕もの、また、文学座や浪曼劇場のために採り上げたフランスの戯曲がそうであった。

こうした姿勢の背後には歌舞伎への若年からの親炙がある。人気役者を中心に興行が組まれ、その人気の基本は、歌と踊と役者の魅力的容姿にあった。その意味で、作品の中身以上に、今日の演劇状況と三島とは呼応するところがあるのかもしれない。

資料

# 三島由紀夫の輪廻について

犬塚　潔

## はじめに

三島由紀夫は何故あのような死に方をしたのか。これまで種々の評伝や評論を読んでみたが、納得のいく説明は得られなかった。勿論、こちらが納得できなかっただけで、この答えを充分に理解し説明していた評論家がいたのかもしれない。しかし、説明をすべて聞いた後に疑問が生じる。

「三島由紀夫は何故あのような死に方をしたのか」

三島が一人で死んでいたら、「文学者の狂気」という一言で納得できたであろう。しかし、三島は一人で自決したのではなかった。三島の後に森田必勝が続き、事件を伝えた朝日新聞は二つ並べられた頭部の写真を掲載した。事件当日に出版社に渡された「天人五衰」の最終稿には「豊饒の海　完　昭和四十五年十一月二十五日」と記され、作品の完成と自決の日を合致させたことで、「豊饒の海」は真に遺作となった。そして「豊饒の海」は「死」の観念から切り離して読むことが困難となった。

この死の呪縛から逃れるためには、この死の謎を解明することが不可欠である。どこかに死の謎を解く鍵が隠されているかもしれないと考え、これまで多くの資料を収集し、これらを分析することで死の謎の解明にせまろうと考えた。しかし、それらはすべて徒労に終わった。

２０１８年2月に刊行された井上隆史の「豊饒の海を読み直す[1]」を読んで「豊饒の海」を読み返してみた。「暁の寺」を読み直して、「楯の会」の会員が「あの謎と謂われる死の意味は、『天人五衰』を始めとする晩年の著作のなかに先取りして答はみんな書いてありました[2]」と記していたのを思い出した。私は「暁の寺」を読んで死の謎を理解できたと感じた。これは、個人的な理解にすぎず、人に説明してもわかってもらえる自信はない。しかし、死の謎を解くヒントになるかもしれないので、三島由紀夫の考えた輪廻の思索について考察してみたい。

## いま読む！名著　三島由紀夫「豊饒の海」を読み直す

井上隆史は、自著の序章において三島由紀夫の「死をめぐる問いが私たちの精神を呪縛してしまい、文学作品との自由な出会いを妨げることになる」として、「三島―読者を取り巻く死の呪縛を打ち破り」「三島文学の真価を探り当ててゆきたい」と記している。そして、「豊饒の海」四部作を読み直すにあたり、「輪廻転生についての思索が、もっとも丁寧に展開される」として「暁の寺」から読み始めることをすすめた。

井上は、「空襲下の死生観」の項で「暁の寺」に示された死生観、世界観について

「三島は、このような世界観を、『豊饒の海』の作品世界のなかでのみ問題にしたのではなかった。三島は、この世界観そのものではないにせよ、その原型とも言うべき発想を早くから抱いてい

た。（中略）太平洋戦争末期の一九四五年（昭和二〇）五月五日、二〇歳の三島は勤労動員のため神奈川県の海軍高座工廠に赴いたが、空襲の報を受けて急遽帰宅した。その経験を踏まえ、三島は直ちにエッセイ『二千六百五年に於ける詩論』（生前未発表）を著わし、また詩を詠っているが、そこでは既に輪廻転生がテーマになっているのである」として、「二千六百五年に於ける詩論」と「夜告げ鳥」を提示している。

三島は「私の死との一番親しかった時代は戦争中で、十代の私どもはいつ死ぬか、どうやって死ぬかということだけしか頭の中にない」と語っている。一方、「暁の寺」執筆中の昭和44年2月頃、朝日ジャーナルの「再び死について、現代との関連で」の問いに、三島は「僕はどこかで死を感じないと芸術活動ができない。（中略）現在の僕は死に親しいから幸福だ。だから、今は、生きがいのある自分だ[3]」と答えている。

三島は「夜告げ鳥」を執筆した昭和20年の戦争末期と「暁の寺」執筆中の昭和44年2月頃は共に死と親しい状態にあったと記している。三島は「私の仕事も行動もすべて、『葉隠』ではないが、朝起きたときに今日を死ぬ日と心にきめるというところに成立している[4]」と記し、「楯の会」を指揮することで、戦争中と類似した精神状態に自らをおいたと考えられる。従って「夜告げ鳥」を分析することは、「暁の寺」における輪廻思想に通じるものがあると考えられた。

## 夜告げ鳥

「夜告げ鳥」の初出は、昭和20年7月の回覧雑誌「東雲」七月号（第二輯）である。東雲の第一輯（創刊号）と第二輯（七月号）は、昭和49年の明治古典会七夕古書大入札会（写真1）に出品され、その後、日本大学総合学術情報センターに所蔵された。「〈東京大学全学会〉のマーク入りのB四版大四百字詰原稿用紙に書かれた生原稿を二つ折りにして」「『東雲』なる表紙を付けて、まとめて紐で綴じたもので[5]」ある。東雲・第二輯に「オルフェウス」の題名のもと、「オルフェウス」「絃歌」「夜告げ鳥」「饗宴魔」が掲載された。

「オルフェウス」はその後、「舞踏」（写真2a、b）「近代文学」（写真3a、b）に再録された。「舞踏」は昭和23年6月に発刊された斉田昭吉の稀覯同人誌である。限定１５０部の記載があったので、「１５０部も発刊されたのに『舞踏』は珍しいですね」と言うと、斉田は「１５０というのは見栄の数字で、実際には30部しか作らなかった」と説明された。

「絃歌」は「叙情　第一輯」（写真4a、b、c）に再録された。「饗宴魔」は再録されなかった。

「夜告げ鳥」は「東雲」に掲載された同月「輔仁会報　第二輯」に再録された[6]。その後、「しりうす」（写真5a、b、c、d、e）「文芸」（写真6a、b）に掲載されている。

東雲・第二輯も輔仁会報も共に自筆本（一部本[7]）なので、「夜告げ鳥」を読んだ人数は限られている。「しりうす」も稀覯雑誌であり、発刊された冊数が多いとは考えられない。「しりうす」には発行所、発行年月日の記載はない。東原武文は「寄せられた作品のいくつかに日付が入っており、それをもとに発行年月日の推定ができる」として「二号では昭和二十年十二月十七日の」「一ヶ月後に発行されたのだろう[8]」と記している。「しりうす」二号の編集後記に「しりうす二号を、一年振りで出せる様になった

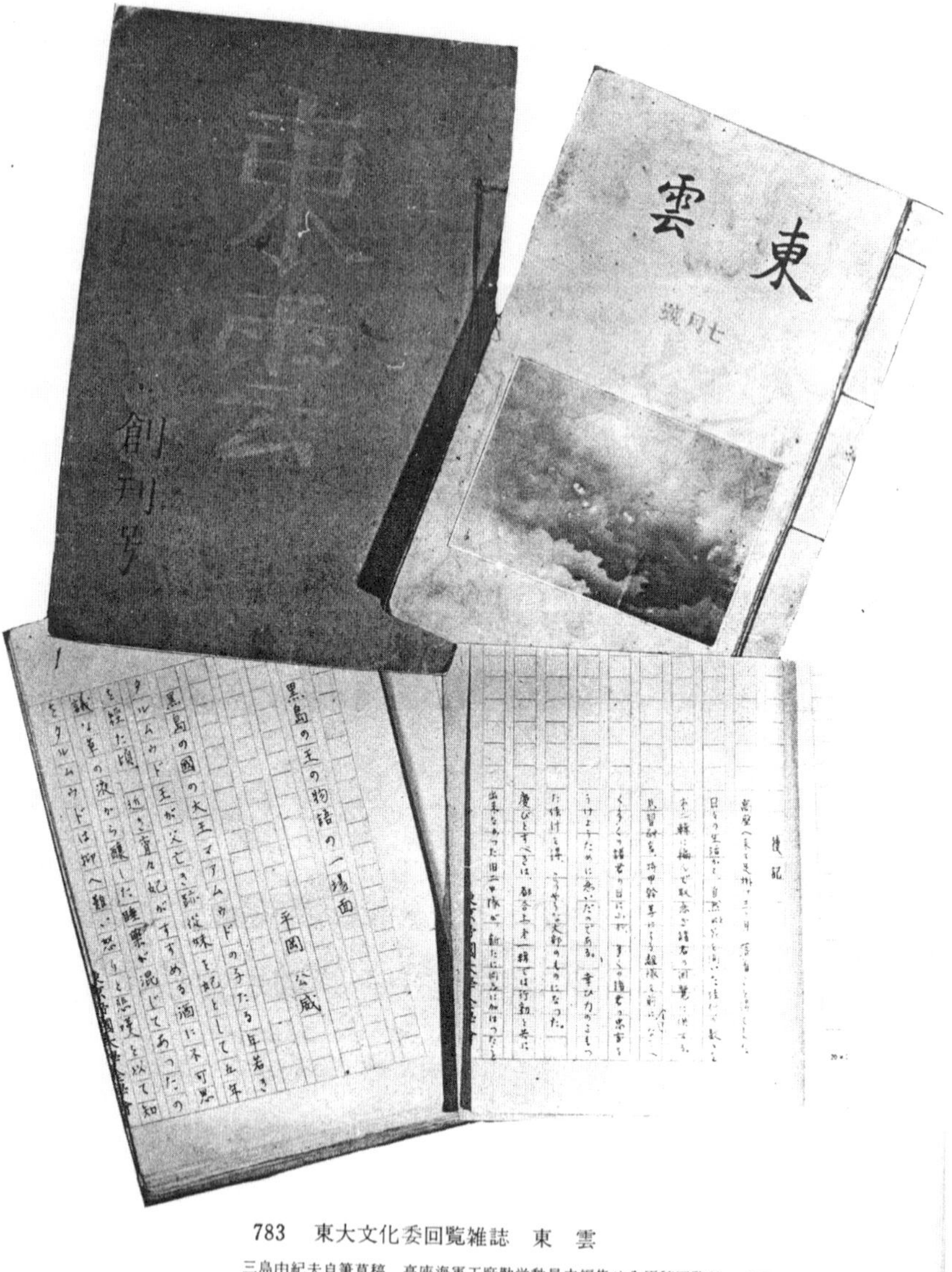

783　東大文化委回覧雑誌　東　雲

三島由紀夫自筆草稿　高座海軍工廠勤労動員中編集せる原稿回覧誌　2 冊

写真１　明治古典会七夕古書大入札会目録　1974年

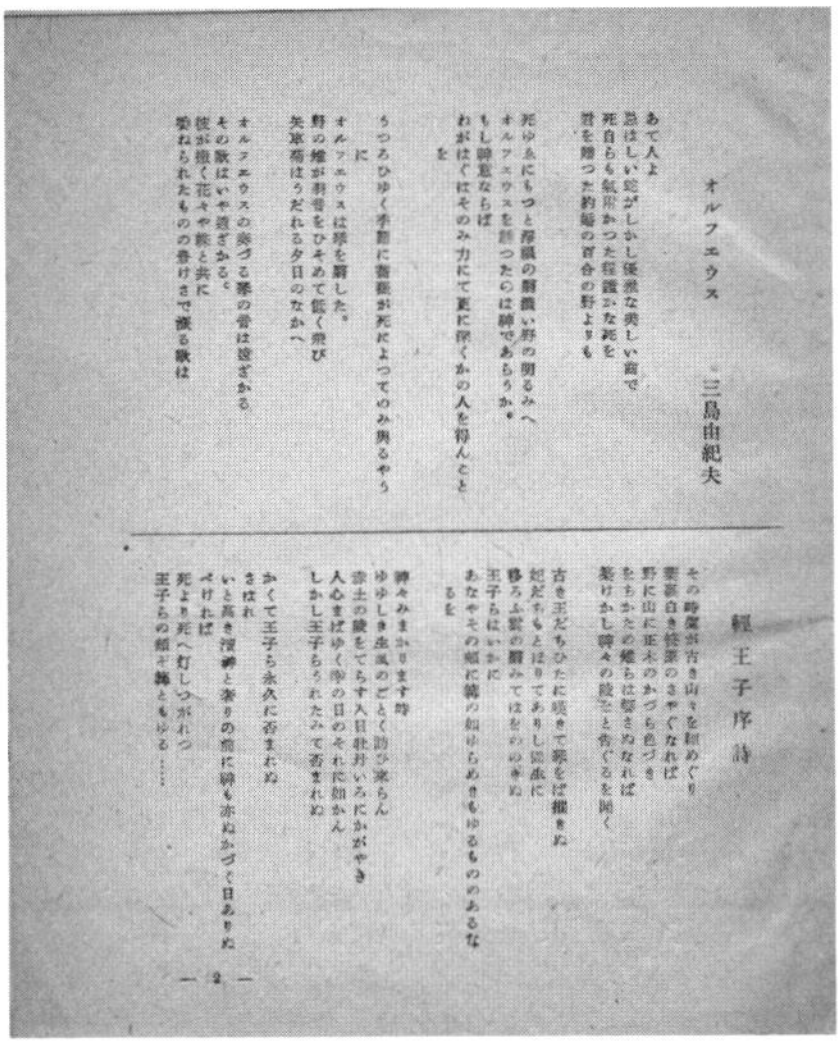
オルフエウス　三島由紀夫

あて人よ
急はしい蛇がしかし優雅な美しい齒で
死自らも氣附かつた程謐かな死を
君を贈つた約婚の百合の野よりも
死ゆゑにもつと淨福の暗濃い野の明るみへ
オルフエウスを誘つたのは神であらうか。
もし神意ならば
わがはぐはそのみ力にて更に深くかの人を得んとと
を
うつろひゆく季節に薔薇が死によつてのみ興るやう
に
オルフエウスは琴を鎖した。
野の蜂が羽音をひそめて低く飛び
矢車菊はうだれる夕日のなかへ
オルフエウスの奏づる琴の音は遠ざかる
その歌はいや遠ざかる。
彼が擁く花々や獣と共に
挙ねられたものの香けさで漲る歎は

輕王子序詩

その時魔が古き山々を翔めぐり
雲霧白き怪霧のさやぐなれば
野に山に正木のかづら色づき
をちかたの峰らは響きぬなれば
髪けかし神々の跣ごと告ぐるを聞く
古き王だちひたに唳きて夢をば擱きぬ
妃だちもとほりてありし頃赤に
移ろふ紫の翳みてはをのゝきぬ
王子らはいかに
あなやその頰に神の如ゆらめきもゆるもののあるな
るを
神々みまかります時
ゆゆしき血風のごとく訪ひ來らん
赤土の陵をてらす入日牡丹いろにかがやき
人心まばゆく神の日のそれに如かん
しかし王子らうれたみて否まれぬ
かくて王子ら永久に否まれぬ
さはれ
いと高き浪漫と薫りの前に神も亦ぬかづく日ありぬ
べければ
死より死へ灯しつがれつ
王子らの頌ぞ輝ともゆる……

— 2 —

写真２ｂ　オルフェウス

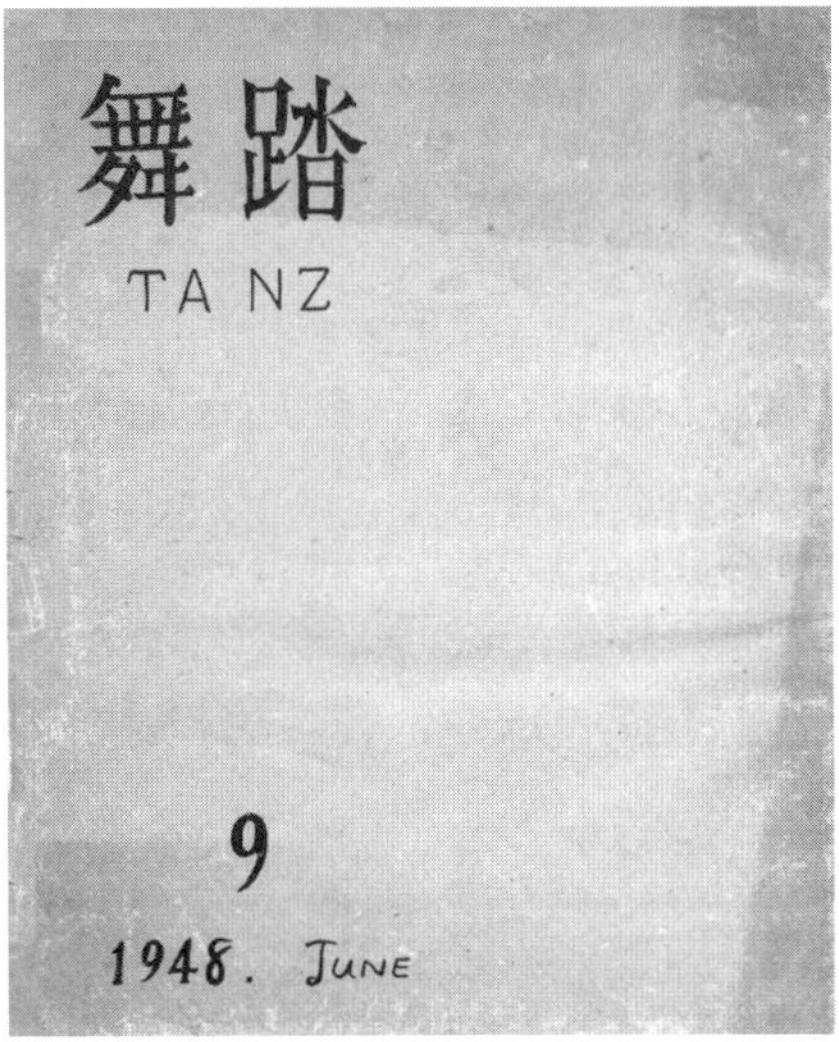


写真２ａ　舞踏　1948年

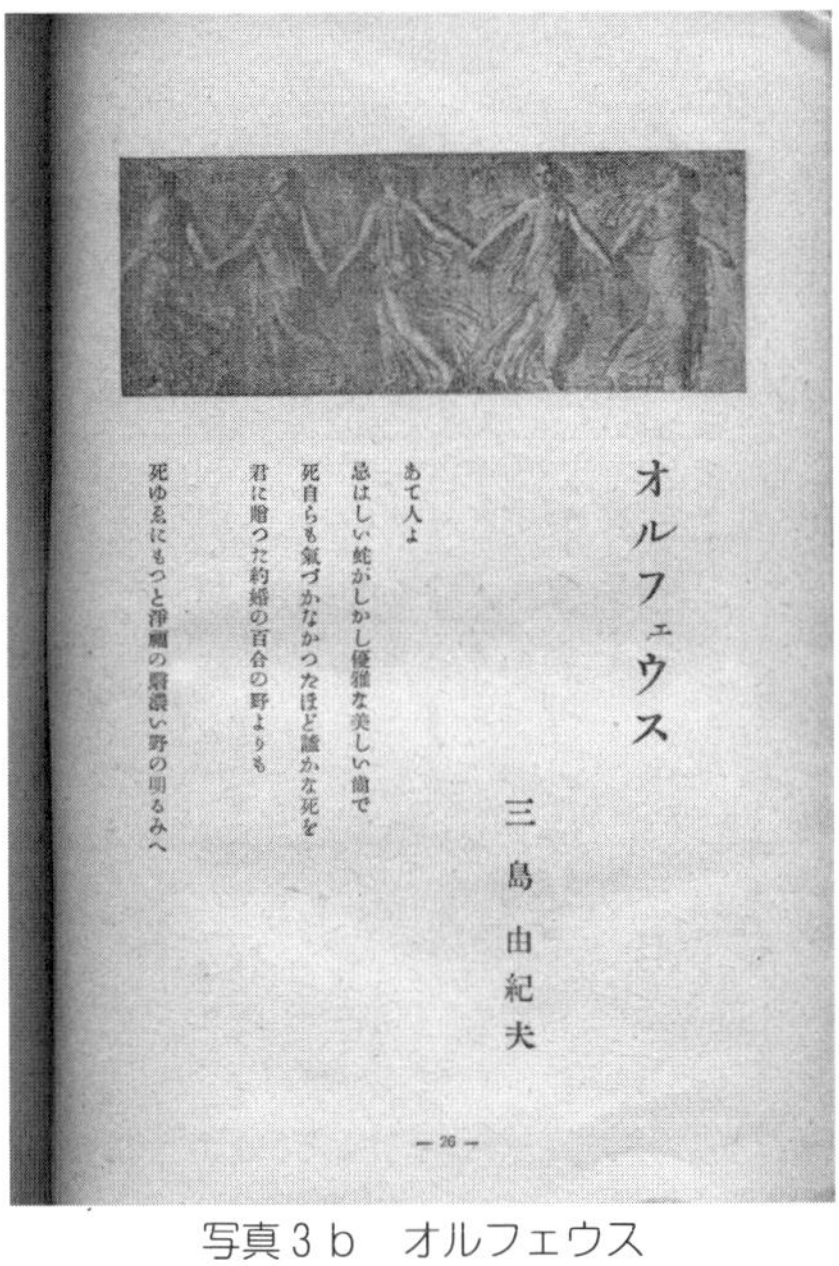
オルフェウス

三島由紀夫

あて人よ
急はしい蛇がしかし優雅な美しい齒で
死自らも氣づかなかつたほど謐かな死を
君に贈つた約婚の百合の野よりも
死ゆゑにもつと淨福の眉濃い野の明るみへ

— 26 —

写真３ｂ　オルフェウス

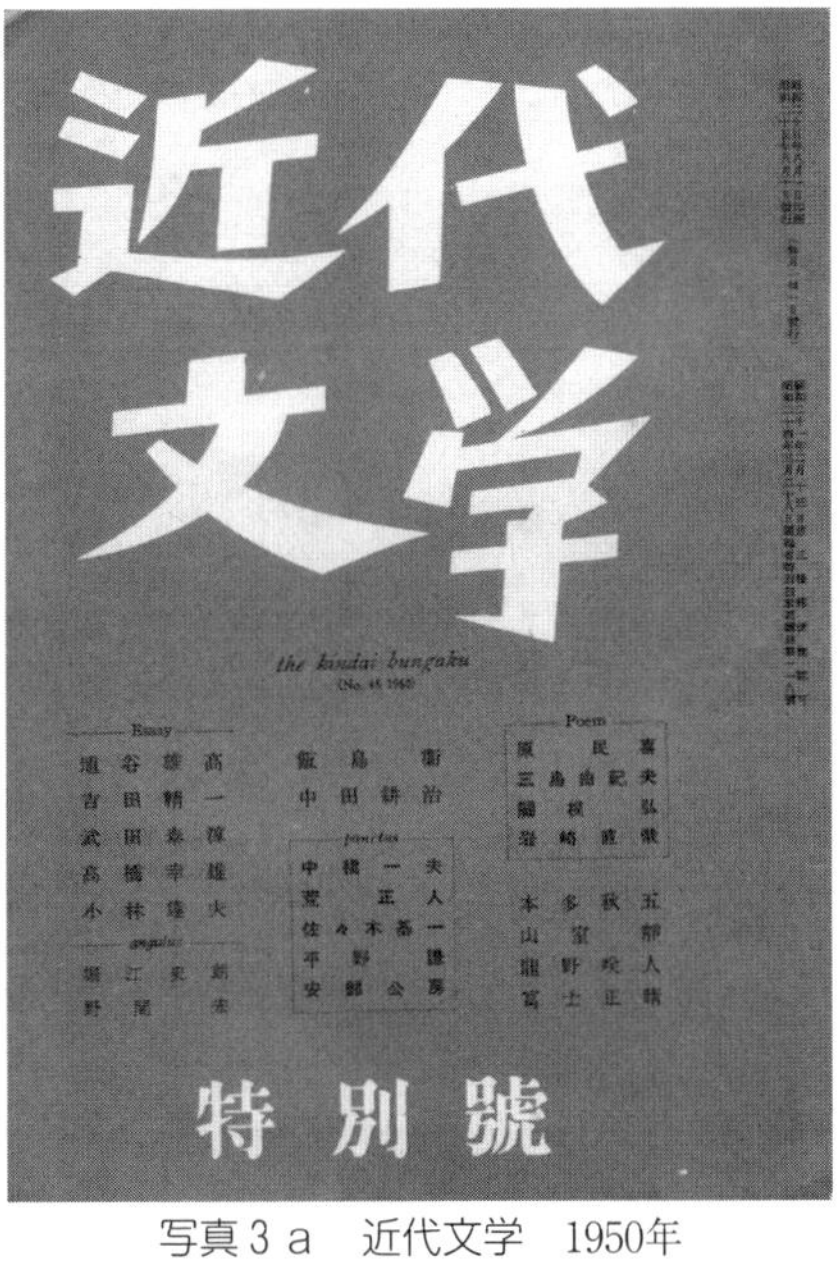


写真３ａ　近代文学　1950年

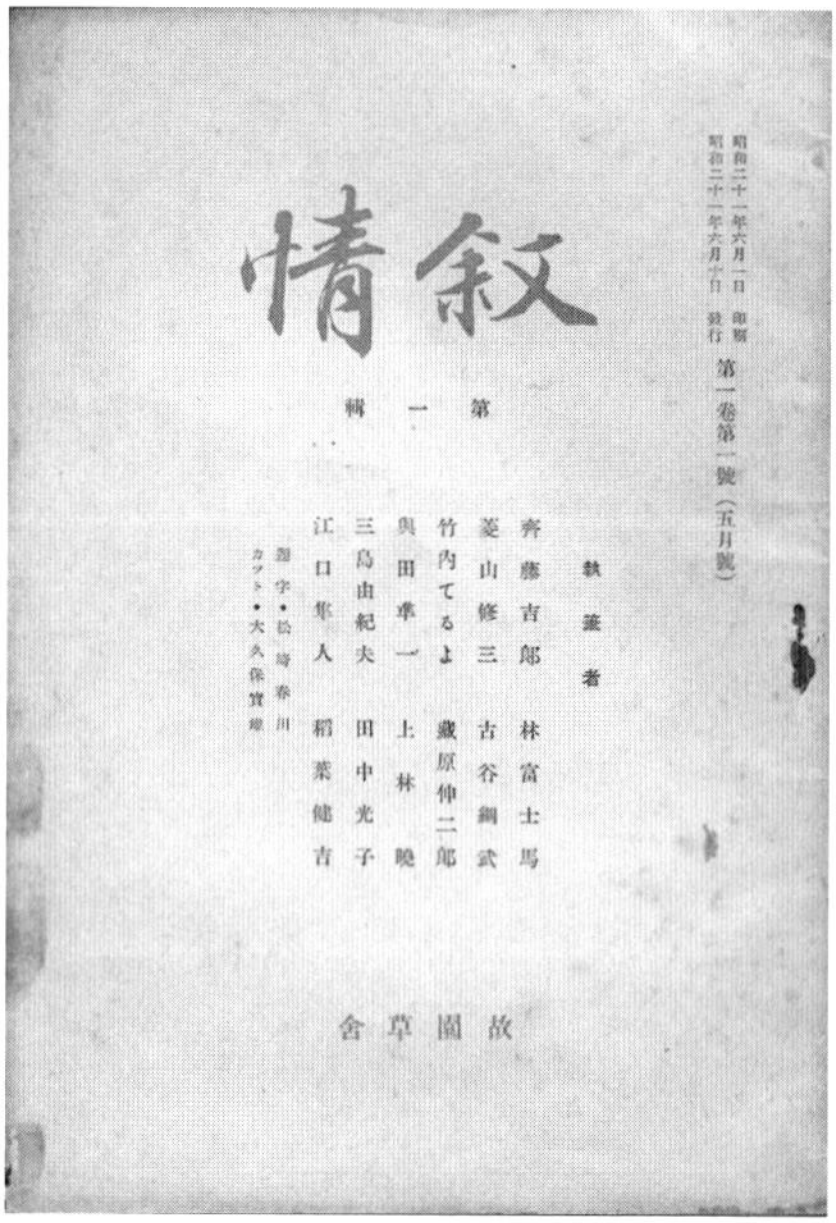


写真４ａ　敍情　1946年

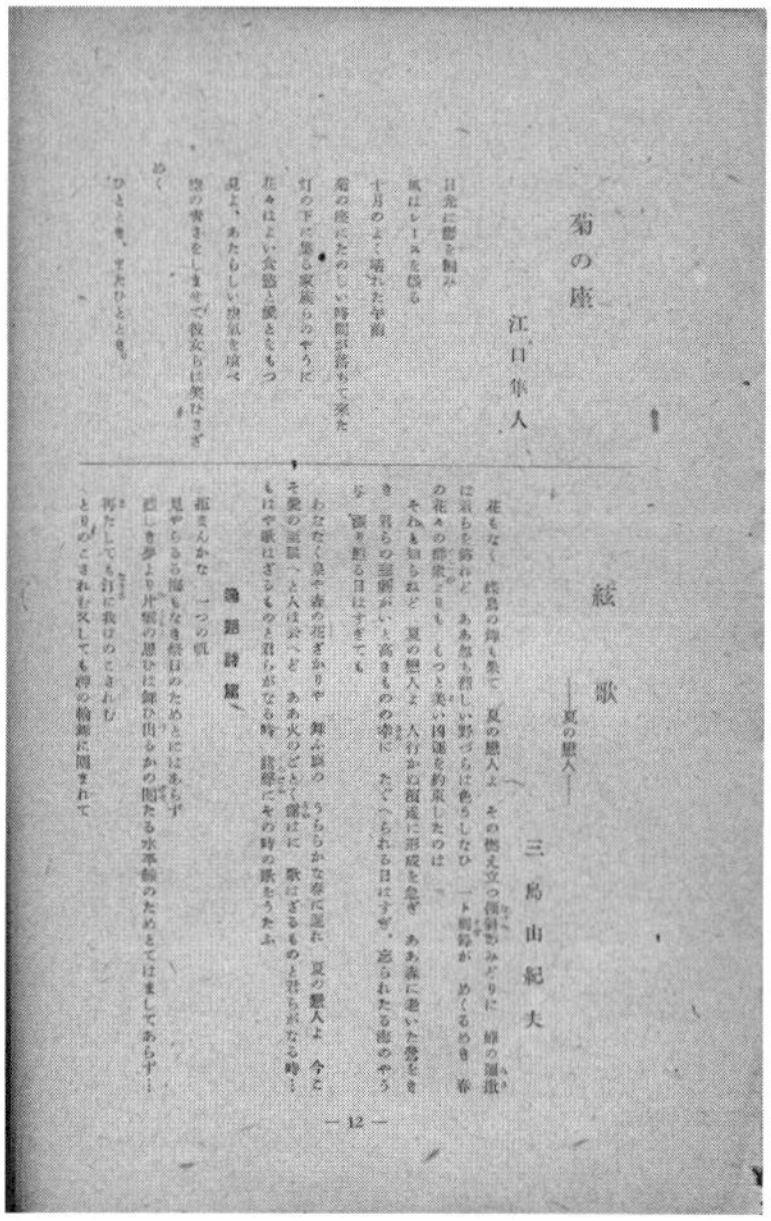


写真４ｂ　絃歌

ことは、大きな喜びです。今後二ケ月に一回づつ発刊してゆきたいと思ひます」「昨年十一月廿四日に、第一号の合評会を、坊城宅で開催しました」[9]との記載があり、「しりうす」二号は昭和21年1月頃に発刊された可能性が高いと考えられる。

ここで注意を要するのは、「夜告げ鳥」が発表された戦中戦後の時期である。「夜告げ鳥」は幸運にも4回もの発表の機会を得て実際に掲載された。しかし、掲載を予定しながら発刊されなかった書物が多数存在することを忘れてはならない。確認された発刊予定未刊書物の情報を提示する。

## 扮装狂

昭和19年10月発行の曼荼羅創刊号（写真７ａ、ｂ）の「編輯私記」に、本来創刊号として発刊を予定していた「目次」が掲載され、その中に三島由紀夫の「扮装狂」[10]の記載がある。この同人誌は資金不足のため発刊できなかった。

「故園草舍」案内

＊月刊詩誌「敍情」＊同人(半年・三十圓)・誌友(一年・三十圓)

＊抒情詩と詩文學朗讀研究「花守會」＊「敍情」同人・誌友

毎月・丸ノ内生命保險協會講堂に於て發表會開催

＊花守叢書＊

第一輯・江口隼人詩集　第二輯・金子光晴詩集

第三輯・稻葉健吉詩集　第四輯・齊藤吉郎詩集

第五輯・三島由紀夫詩集　第六輯・山田岩三郎詩集

近刊・菱山修三詩集・林富士馬詩集（各册豫價五、〇〇送料〇・五〇）

写真４ｃ　「故園草舎」案内

## 詩集「豊饒の海」

昭和21年1月9日付齊藤吉郎宛三島由紀夫書簡に「……この詩集には、荒涼たる月世界の水なき海の名、幻耀の外面と暗黒の実体、生のかがやかしい幻影と死の本体とを象徴する名『豊饒の海』といふ名を与へよう、とまで考へるやうになりました。詩集『豊饒の海』は三部に分れ、恋歌と、思想詩と、譚詩とにわかれます。幼時少年時の詩にもいくらか拾ひたいものがありますが、それは貴下に選んでいただきませう。これが貴下の御厚意への僕の遠慮のないお答へです。……(11)」と記されている。

## 贋ドン・ファン物語

昭和21年6月1日発行の「文藝新誌」（写真8a、b）に三島

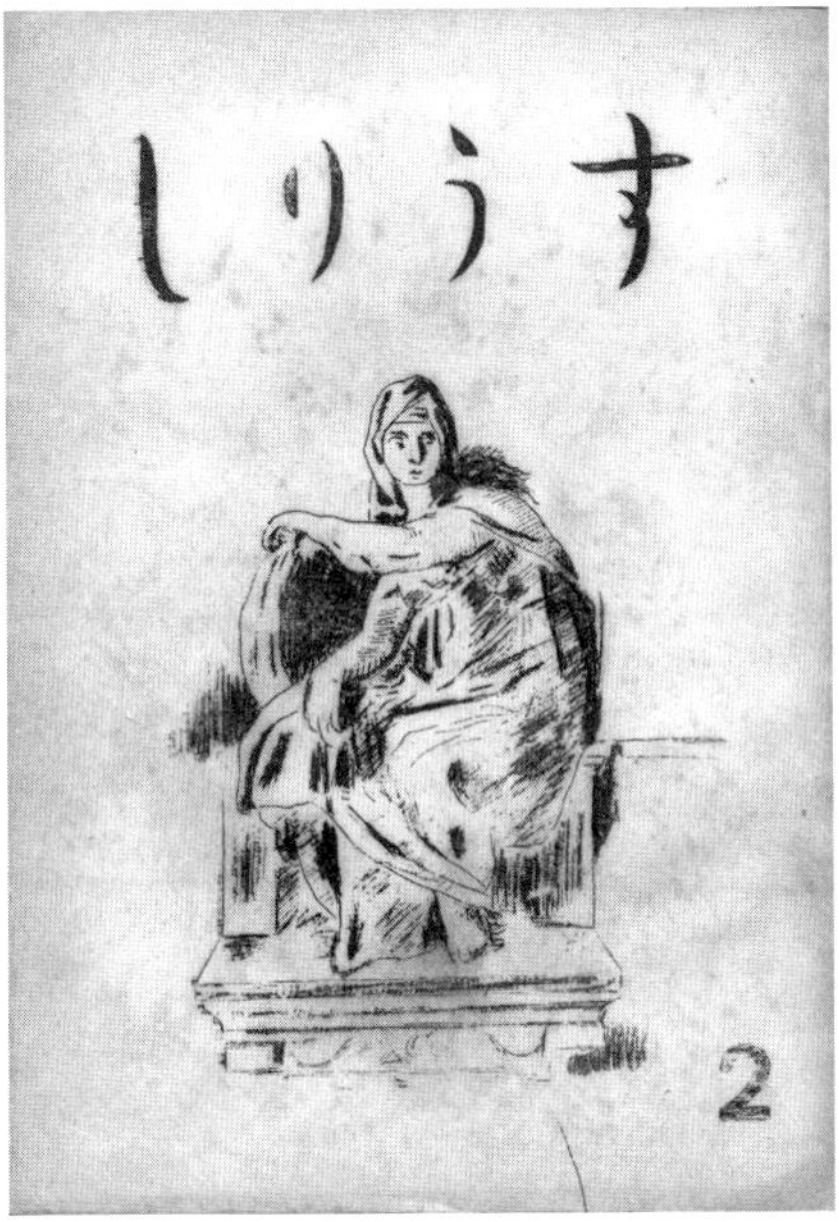

写真５ａ

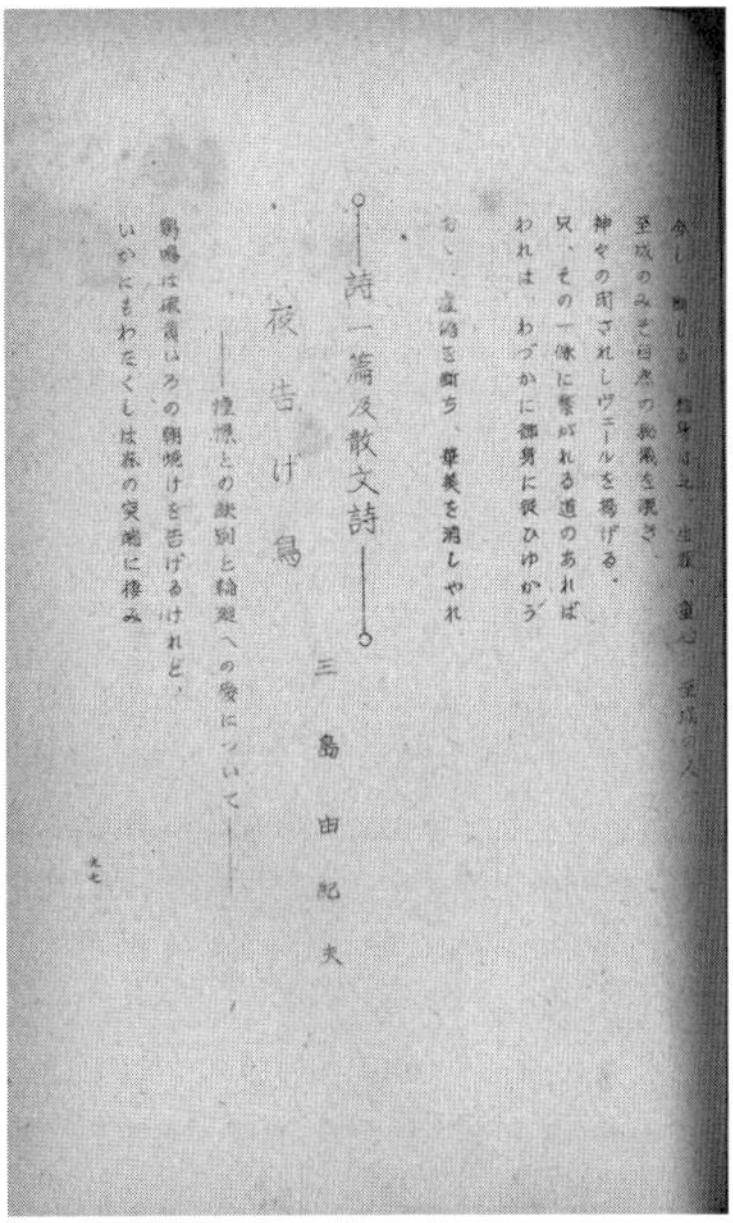

写真５ｂ

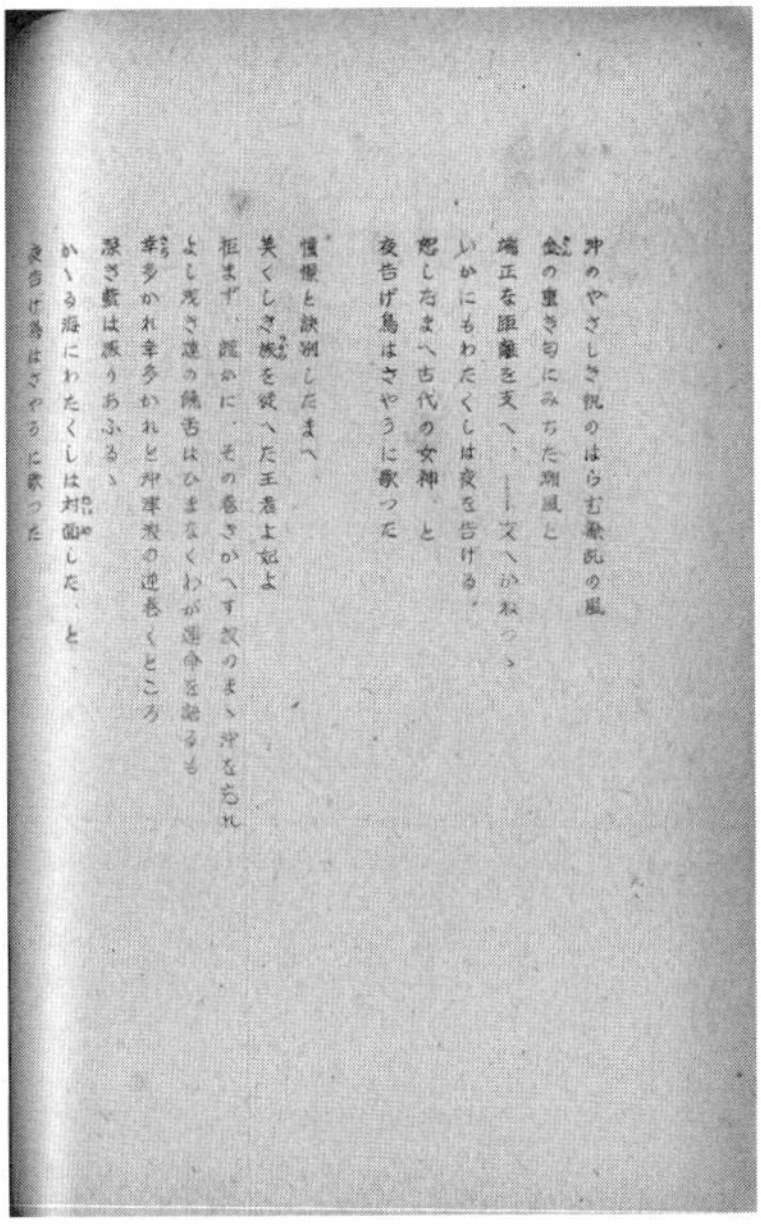
写真５ｃ

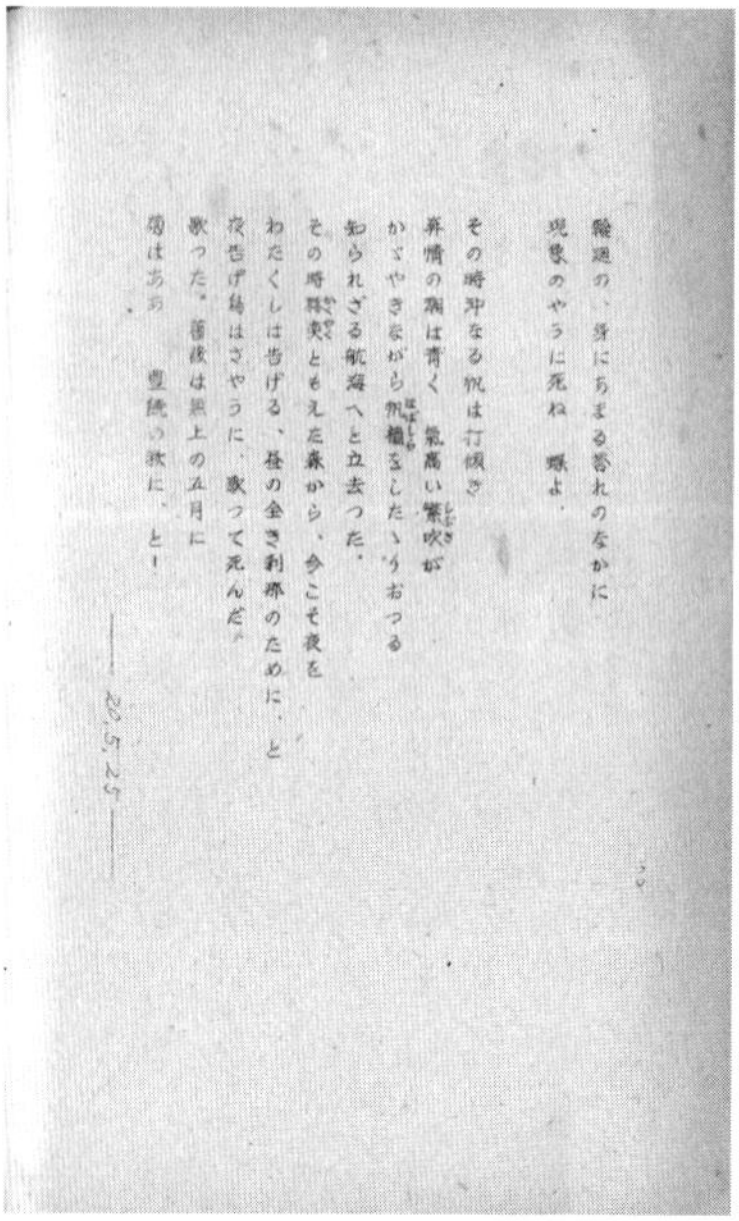

輪廻の、身にあまる誉れのなかに
現象のやうに死ね　蝶よ。

その時沖なる帆は打傾き
弄情の瀾は青く　気高い繁吹《しぶき》が
かさやきながら帆檣《ほばしら》をしたゝりおつる
知られざる航海へと立去つた。
その時赫耀《かくやく》ともえた森から、今こそ夜を
わたくしは告げる、極の全き刹那のために、と
夜告げ鳥はさやうに、歌つて死んだ。
歌つた。薔薇は熟上の五月に
葡はあゝ　豊饒の秋に、と！

——20,5,25——

写真５ｅ

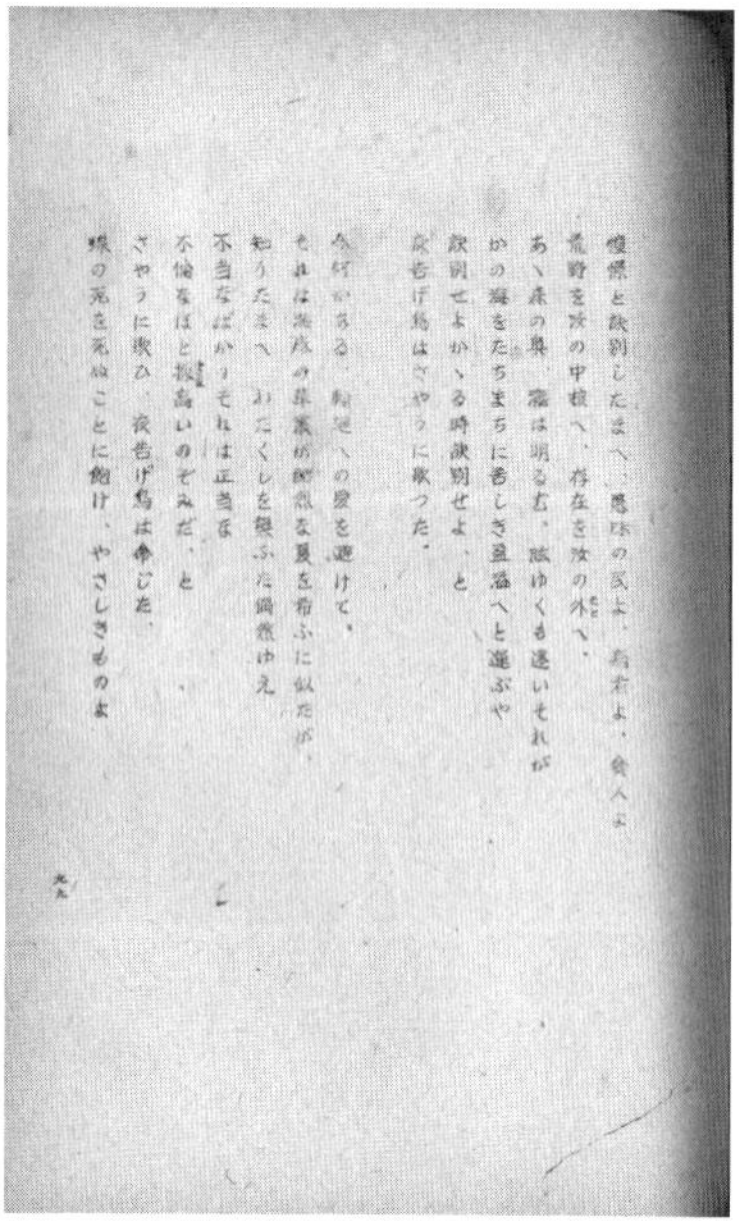

憧憬と訣別したまへ、愚昧の民よ、病者よ、貧人よ
荒野を汝の中核へ、存在を汝の外《そと》へ。
あゝ森の果　海は明るむ。旅ゆくも遠いそれが
かの海をたちまちに香しき豆苗へと運ぶや
訣別せよかゝる時訣別せよ、と
夜告げ鳥はさやうに歌つた。

今何かある、輪廻への愛を避けて。
それは無限の昇華の熱烈な夏を希ふに似たが
知りたまへ　わたくしを繋ふた熱意ゆえ
不当ならばかゝそれは正当ぞ
不倫なほど崇高いのぞみだ、と
さやうに歌ひ、夜告げ鳥は命じた。
蝶の死を死ぬことに飽け、やさしきものよ

九九

写真５ｄ

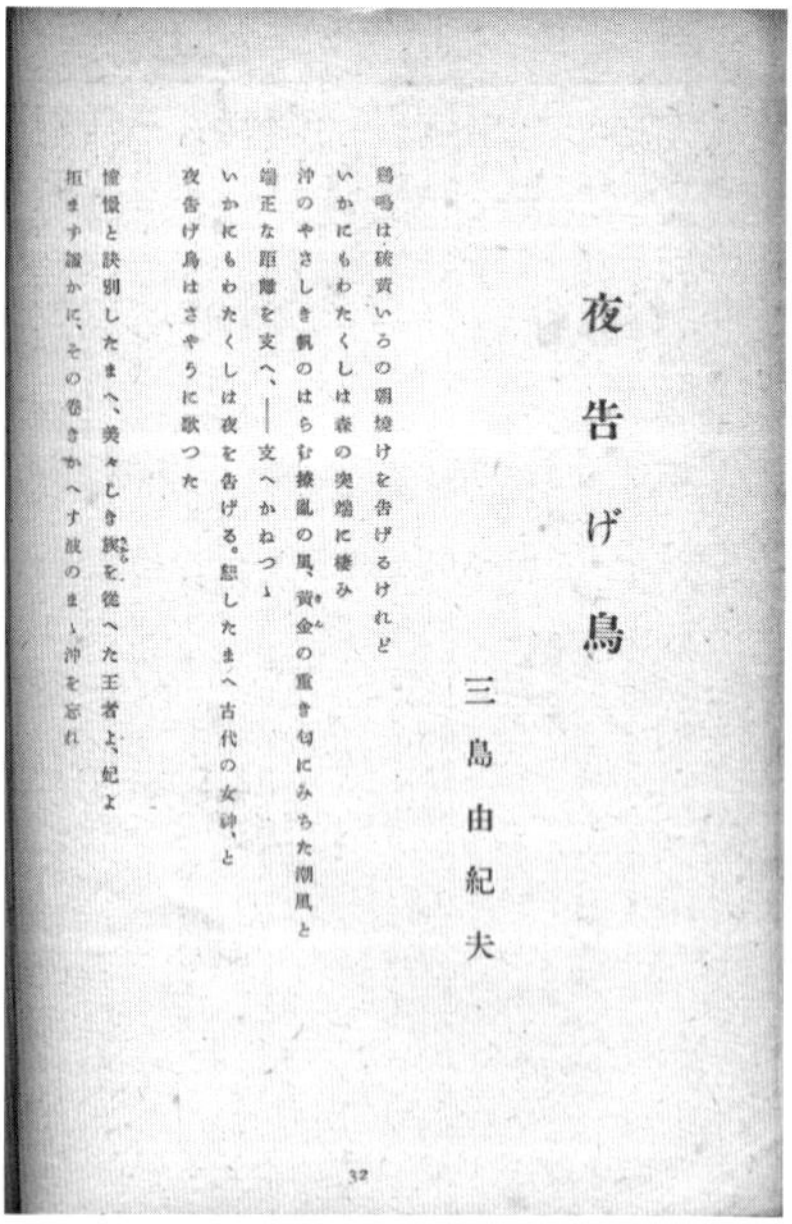

夜告げ鳥

三島由紀夫

鶏鳴は硫黄いろの朝焼けを告げるけれど
いかにもわたくしは森の突端に棲み
沖のやさしき帆のはらむ撩乱の風、黄金《きん》の重き匂にみちた潮風と
端正な距離を支へ、——支へかねつゝ
いかにもわたくしは夜を告げる。懇したまへ古代の女神、と
夜告げ鳥はさやうに歌つた

憧憬と訣別したまへ、美々しき旗《はた》を従へた王者よ、妃よ
拒まず謐かに、その巻きかへす波のまゝ沖を忘れ

32

写真６ｂ

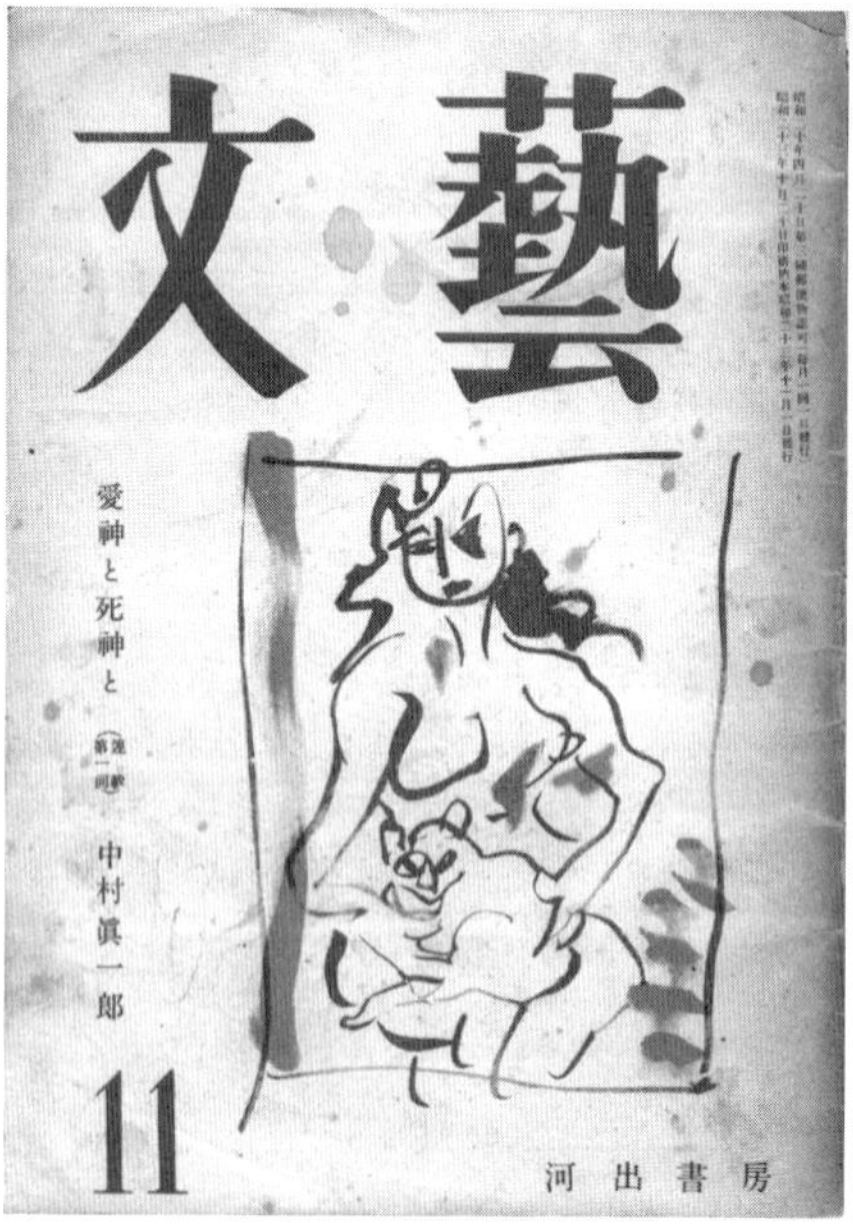


写真６ａ　文藝　1950年

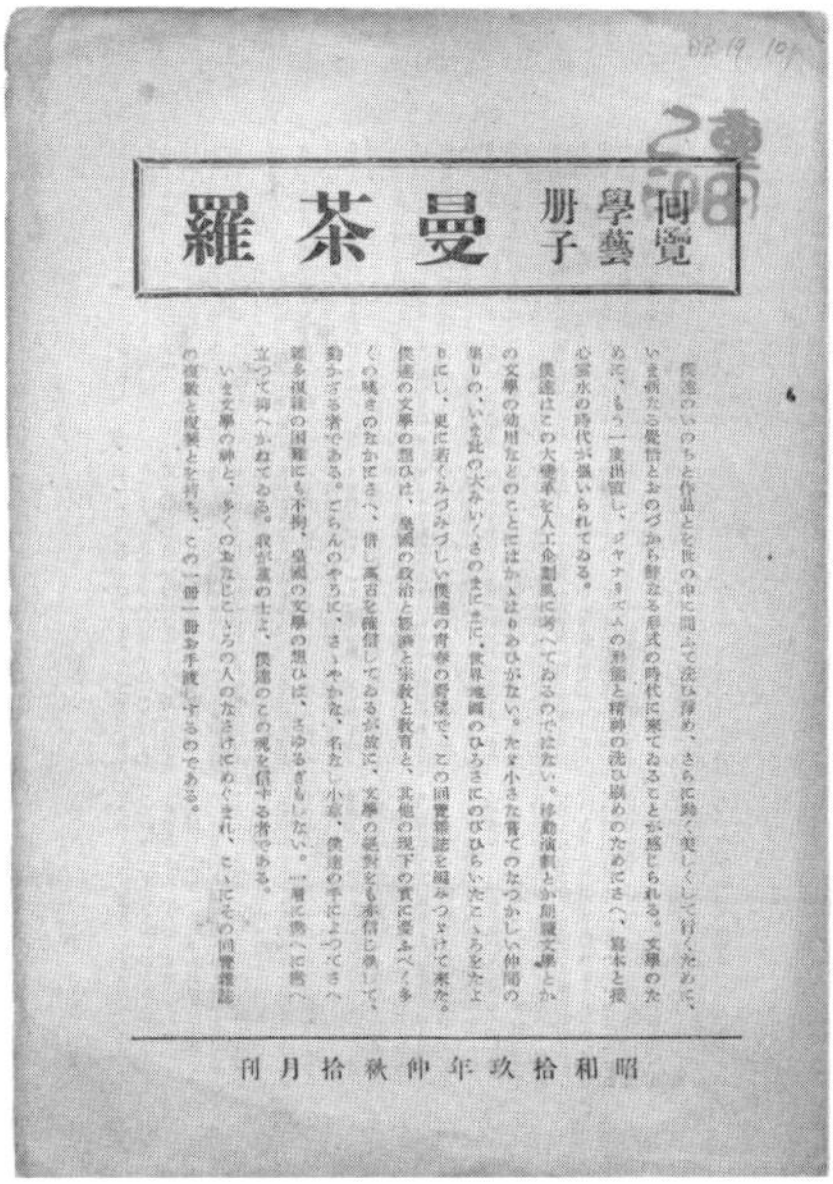


写真7a　曼荼羅　1944年

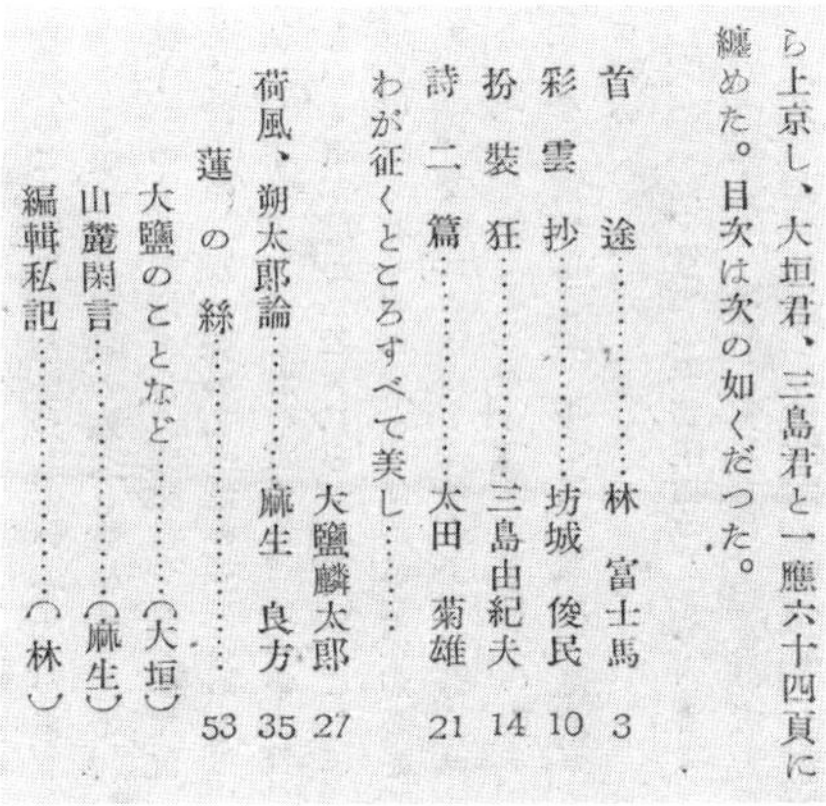
ら上京し、大垣君、三島君と一應六十四頁に纏めた。目次は次の如くだつた。

| | | |
|---|---|---|
| 首途 | 林　富士馬 | 3 |
| 彩雲抄 | 坊城　俊民 | 10 |
| 扮装狂 | 三島由紀夫 | 14 |
| 詩二篇 | 太田　菊雄 | 21 |
| わが征くところすべて美し | 大鹽麟太郎 | 27 |
| 荷風、朔太郎論 | 麻生　良方 | 35 |
| 蓮の絲 | | 53 |
| 大鹽のことなど | （大垣） | |
| 山麓閑言 | （麻生） | |
| 編輯私記 | （林） | |

写真7b

由紀夫の「バルタザアルの死」が掲載されている。「消息」の欄に「三島由紀夫『贋ドン・ファン物語』を世紀書房より近刊」の記載がある。

## 贋ドン・ファン記

昭和21年6月1日発行の「新世紀」（写真9a、b）に三島由紀夫の「贋ドン・ファン記」が掲載されている。新刊案内に「贋ドン・ファン記（小説集）日本文壇に彗星の如く出現した鬼才の作品集。『サアカス』『菖蒲前』『贋ドン・ファン記』『煙草』『岬にての物語』を収む。佐藤春夫氏序文。（葛飾書房藏）豫約受付開始　概算普及版　十五圓　豪華本（著者自署）四十圓」の記載がある。

同じ日に発刊された二冊の冊子で、「贋ドン・ファン物語」と「贋ドン・ファン記」で内容の差異はあるのかもしれないが、同じような著作が世紀書房と葛飾書房のふたつの異なった出版社から刊行予定とある。勿論、双方とも未刊である。

## 花守叢書　第五輯　三島由紀夫詩集

昭和21年6月5日発行の「叙情　第一輯」（写真4a）に三島由紀夫の「絃歌」が掲載されている。「故園草舎案内」に「花守叢書　第五輯　三島由紀夫詩集」（写真4c）がある。

## 三島由紀夫評論集

中尾務の「VIKING（六）」に「三島由紀夫評論集」発刊に関する記載がある。

「『VIKING』創刊の前月、一九四七年九月から（推定）、

消息

堀口大學　新潟縣中頸城郡名香村關川に疎開中。

岡本一平　岐阜縣加茂郡西白川村中川五四五一

藤田嗣治　板橋區小竹町二七一四

小高根二郎　京都府宇治町野神一に居を定めた。小説集「鄕愁に愛と夢とを」を臼井書房より近刊。

櫻岡孝治　歸還した。品川區西品川五ノ一〇一二。

太田博　鶴岡市家中新町、伊藤又一郎方。

牧田益男　沖繩にて戰死。

黑岩一郎　姬路高等學校敎授に就任。

三島由紀夫　「僞ドン・ファン物語」を世紀書房より近刊。

田邊耕一郎　尾道文化協會より「瀨戸內海」を月刊する。

入枝登志夫　鹿兒島縣串木野町より季刊「文藝星座」をだす

写真８ｂ

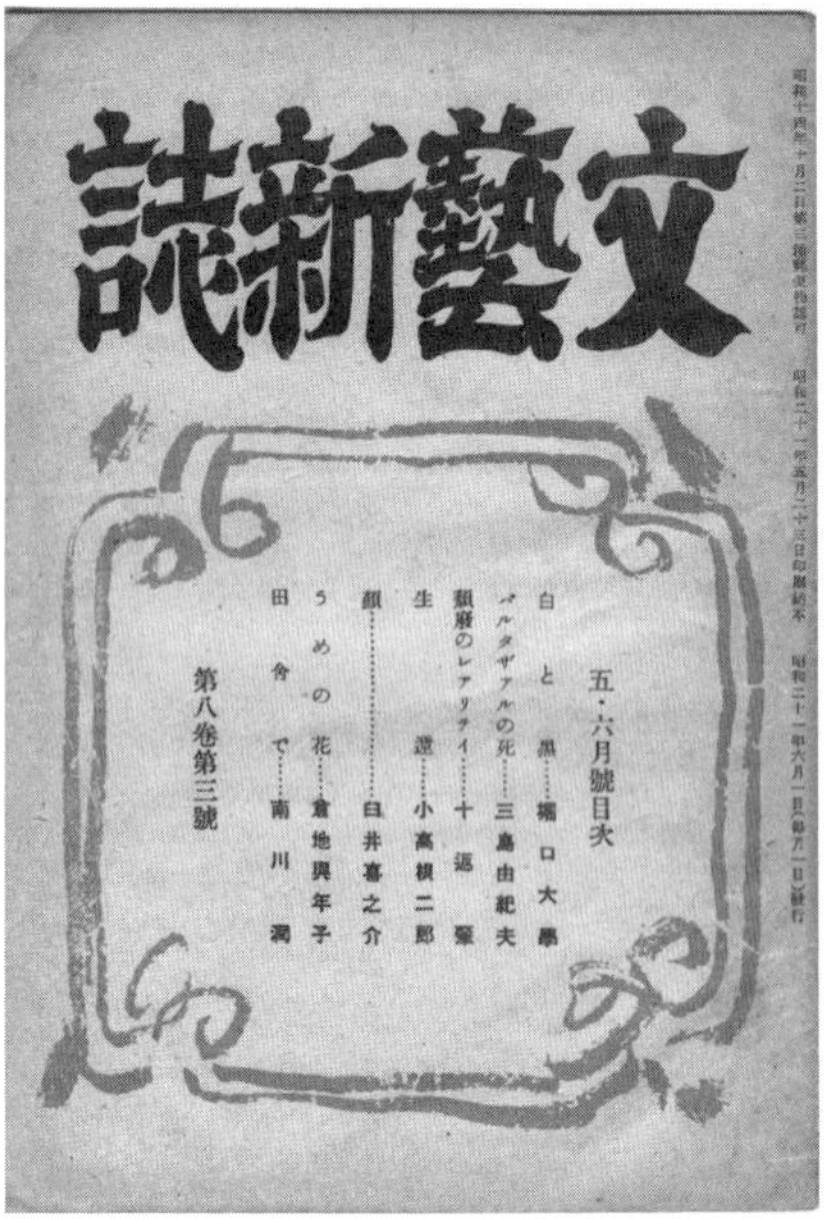


写真８ａ　文藝新誌　1946年

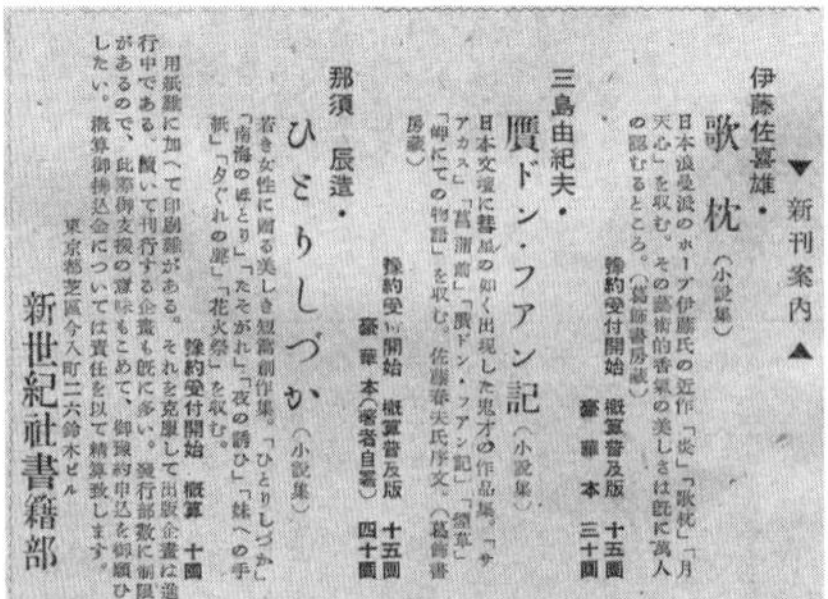

▼新刊案内▲

伊藤佐喜雄・
歌枕（小説集）
日本浪曼派のホープ伊藤氏の近作「炎」「歌枕」「月天心」を収む。その藝術的香氣の美しさは既に萬人の認むるところ。（葛飾書房蔵）
豫約受付開始　概算普及版　十五圓
豪華本　三十圓

三島由紀夫・
贋ドン・ファン記（小説集）
日本文壇に彗星の如く出現した鬼才の作品集。「サアカス」「菖蒲前」「贋ドン・ファン記」「獅草」「岬にての物語」を収む。佐藤春夫氏序文。（葛飾書房蔵）
豫約受付開始　概算普及版　十五圓
豪華本（著者自装）　四十圓

那須辰造・
ひとりしづか（小説集）
若き女性に贈る美しき短篇創作集。「ひとりしづか」「南海の娘とり」「たそがれ」「夜の誘ひ」「妹への手紙」「夕ぐれの扉」「花火祭」を収む。
豫約受付開始　概算　十圓

用紙難に加へて印刷難がある。それを克服して出版企畫は進行中である。續いて刊行する企畫も既に多い。發行部數に制限があるので、此際御支援の意味もこめて、御豫約申込を御願ひしたい。概算御拂込金については責任を以て精算致します。

東京都芝區今入町二六鈴木ビル
新世紀社書籍部

写真９ｂ

写真９ａ　新世紀　1946年

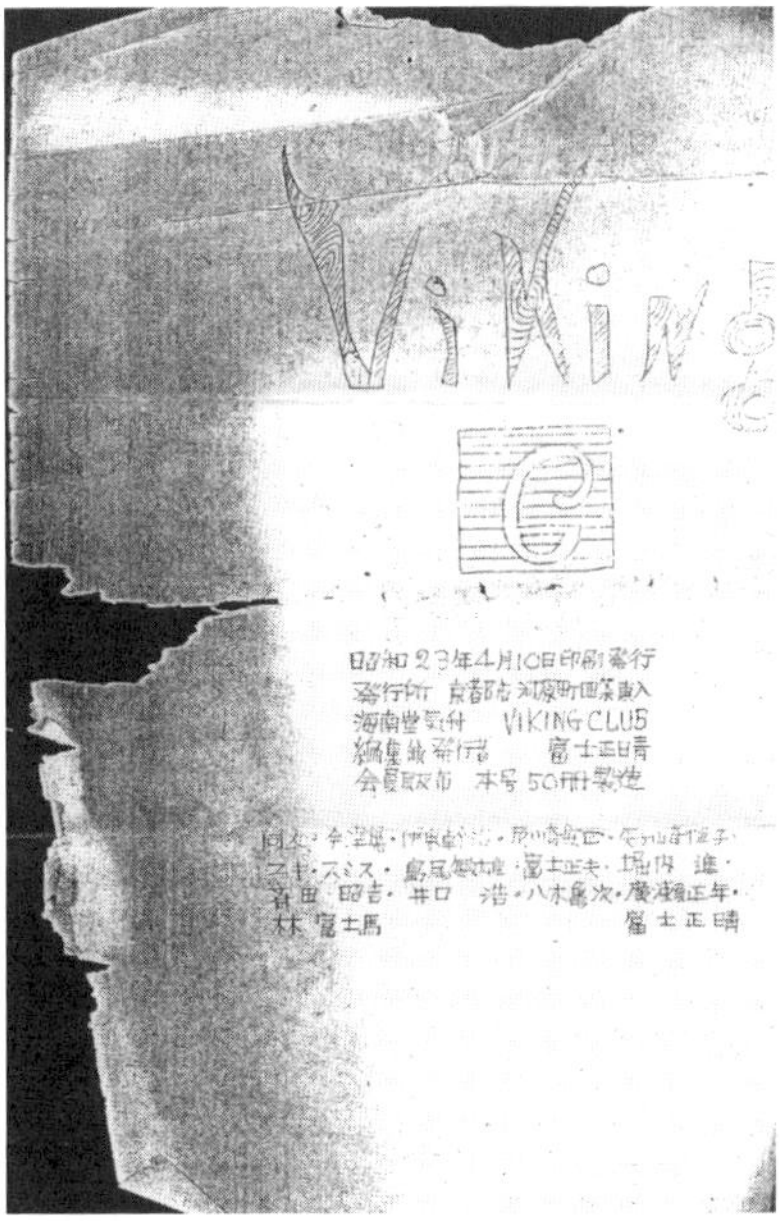

写真10ａ　富士正晴記念館蔵

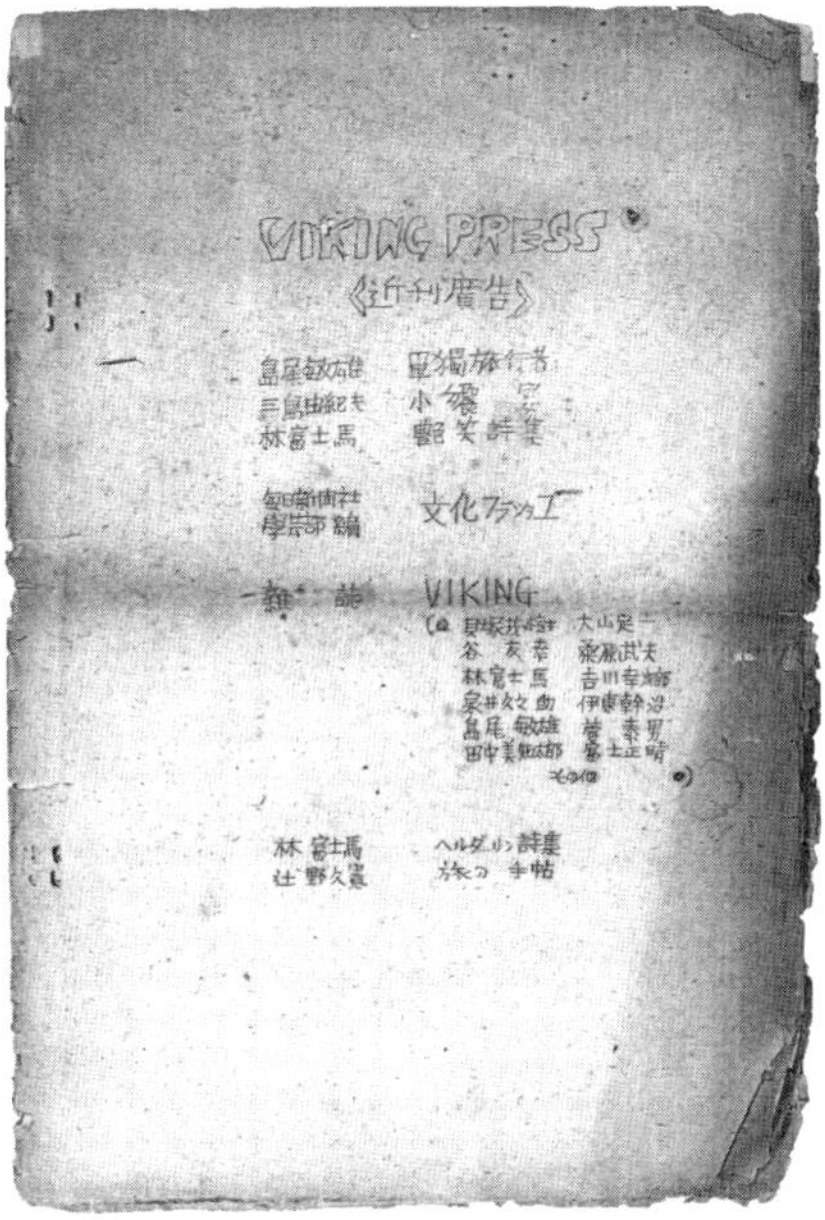

写真10ｂ　Viking 6　1948年

富士正晴は出版社・明窓書房に非常勤の有給顧問として勤めている。（中略）有給顧問となってから、富士正晴は明窓書房から三島由紀夫の評論集を出すはなしをまとめる。戦前、富士が、七丈書院の顧問をしていたときに、三島の『花ざかりの森』を出した縁によるものだろう[12]」

また、昭和23年4月8日付、圭文社社長・八木亀次宛富士正晴未投函書簡（はがき）に「三島君のと、島尾君のと、僕が適当に始末をつけますから、契約書、扇子さんに預けといてくれませんか[12]」とある。

## 小饗宴

昭和23年4月10日印刷発行の「ＶＩＫＩＮＧ６」の発売広告「ＶＩＫＩＮＧ　ＰＲＥＳＳ」「近刊広告」（写真10ａ、ｂ）に三島由紀夫の「小饗宴」がある。

## 三島由紀夫作品集

昭和23年9月17日付けの秋田屋編輯部の三島由紀夫のハガキ（写真11）が残されている。

「前略

小生の拙稿が富士正晴氏より貴社へ行つてゐるやうでありますが、その後、富士氏より一向音沙汰なく、小生の方も別の書店より出版の話もあり、困惑してをりますので、富士氏とのいきさつを一応御報らせいただきたく。それと共に一応拙稿全部を至急御返送いただきたく。（略）」富士正晴は秋田屋でも三島の作品集を出版する計画を持っていたことが伺える。

これらの作品集あるいは詩集に「オルフェウス」「絃歌」「夜告

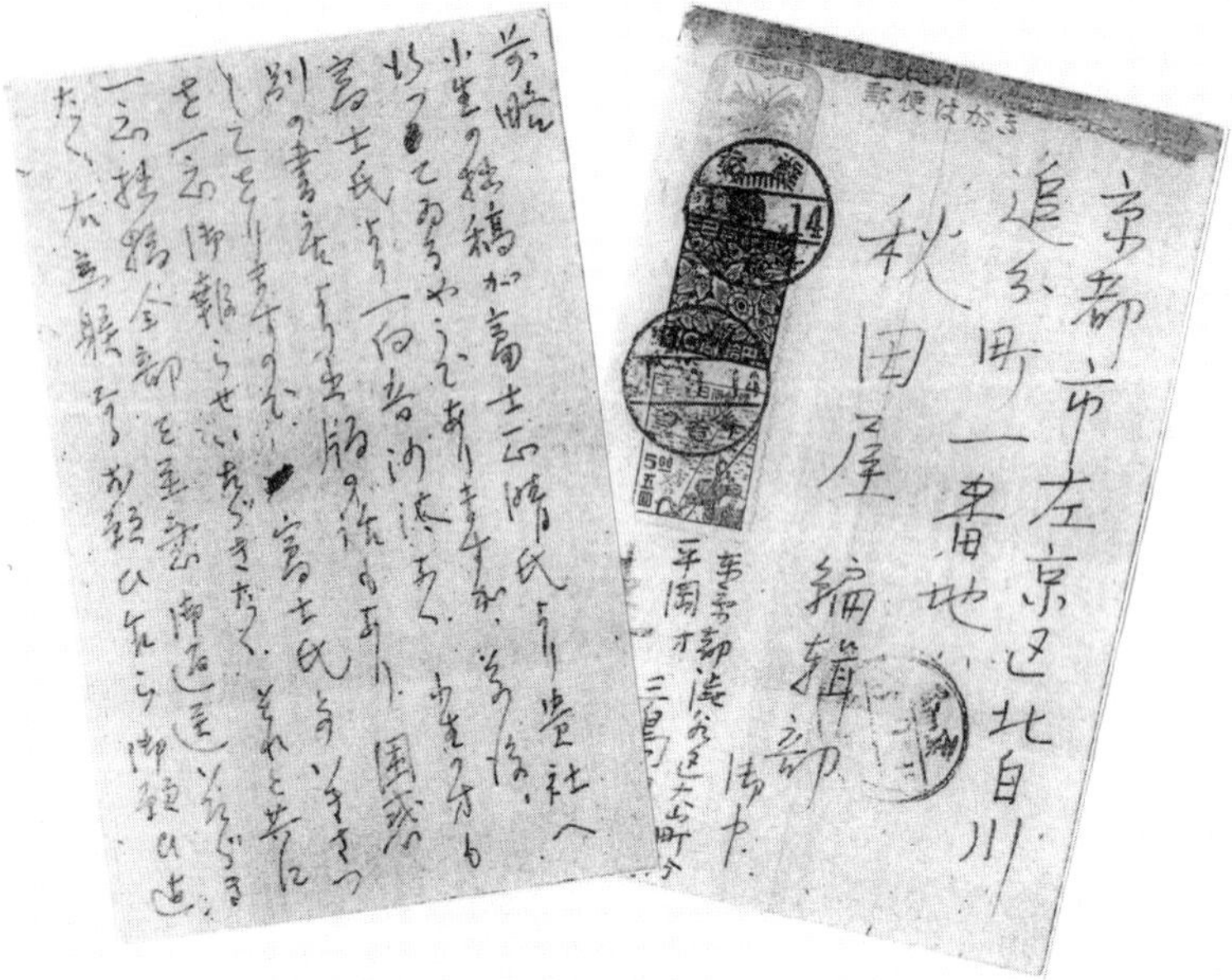


写真11　秋田屋宛三島由紀夫書簡（富士正晴記念館蔵）

げ島」「饗宴魔」は再録される予定があったのかもしれない。発刊予定未刊書物が複数確認できたことから、確認された発表回数のみで、この時期の作品の重要性を語ることは困難ではあるが、「夜告げ島」が4回も掲載されたことから、この作品は三島にとって重要な作品であると考えられる。

しりうす二号の「夜告げ島」には（20.5.25）の記載がある。作品に執筆年月日を入れることはそれまでにも度々行われたことであったが、昭和20年5月25日は三島にとって特に重要な日であったと考えられる。この日、アメリカ軍はB29による東京大空襲を行なった。渋谷も甚大な被害を受けた。「暁の寺」第20章にはこの日付を記した渋谷の焼け跡の風景の描写がある。

「窓からは六月の光りの下に、渋谷駅のあたりまでひろびろと見える。身近の邸町は焼け残つてゐるが、その高台の裾から駅までの間は、ところどころに焼ビルを残した新鮮な焼趾で、ここらを焼いた空襲はわずか一週間前のことである。すなはち昭和二十年五月二十四日と二十五日の二晩連続して、延五百機のB29が山の手の各所を焼いた⑬」と記されている。

三島が東京大空襲の夜に死を覚悟して執筆した「夜告げ島」には輪廻に関して

「蝶の死を死ぬことに飽け、やさきしものよ
輪廻の、身にあまる誉のなかに
現象のように死ね　蝶よ⑭」と記されている。そして、その内容は詩論に、

「運命観の最高のものたる輪廻は、永遠と現存とを結ぶ環でもあるが、無数の小輪廻は個々人の裡にめぐりつつ、相接する歯車の如く宇宙の大輪廻へと繋がります⑮」と表現されている。井上は、

この詩と詩論に表された三島の世界観、死生観を、
「この詩、詩論においては、空襲により、あるいは『空襲』によって象徴される不可抗な力により、いまここで命を奪われるかもしれないという事態が、既に避けられぬ前提となっている。そこでは一刻一刻、死の予兆が体感されている。だが、その死を安易に『憧憬』の対象としたりロマンチックに美化したり（「蝶の死を死ね」）すべきではない。逆に、死を単なる『現象』として淡々と受け入れるならば、確かに個は滅びるかもしれないが、何ものかが宇宙的な連環のなかで生き続けるであろう。『二千六百五年に於ける詩論』や『夜告げ鳥』には、このような世界観、死生観が認められる[1]」と解説している。

写真12ａ　中河与一宛三島由紀夫書簡

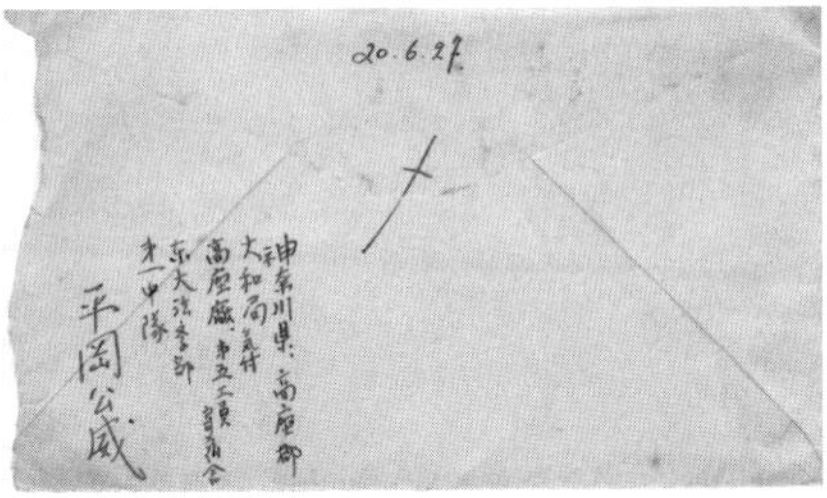

写真12ｂ　中河与一宛三島由紀夫書簡

## 中河与一宛三島由紀夫書簡

三島が「夜告げ鳥」を書き、さらに「二千六百五年に於ける詩論」を書いた昭和20年6月に中河与一に宛てた書簡（写真12ａ、ｂ、ｃ）が残されている。三島は、

「新運命観は、運命への抵抗乃至闘争でもなく、運命への盲従乃至信仰でもなく、運命を汎く輪廻と解して、これに対する濃まやかな愛情と親密な交遊の裡に、自己と輪廻との合歓、慇懃の甘美を極めた境地にまで、相共に融合することであると考へます。単なる否定でも肯定でもない、かかる主観客観を超えた魂の状態を、貴下は兼てより『愛』と呼ばれましたが、『愛』の教は今日以後一層痛切な意味をもつでありませう。私は今までの国学の偏狭、コスモポリティズムの軽佻を排して、眞の意味の universal につながりたいと思ふやうになりました」と記している。中河はこの書簡の封筒に「20年六月　9」と書き入れて保存していた。番号は書簡の通し番号である。現在、中河宛の三島書簡は7通が公開されているが少なくとも9通が存在すると考えられる。この書簡の便箋には赤線がひかれている。赤線を引いたのは中河与一であろう。

「私は今までの国学の偏狭、コスモポリティズムの軽佻を排して、眞の意味の universal につながりたいと思ふやうになりました」は「無数の小輪廻は個々人の裡にめぐりつつ、相接する歯車の如く宇宙の大輪廻へと繋がります」に相応すると思われた。

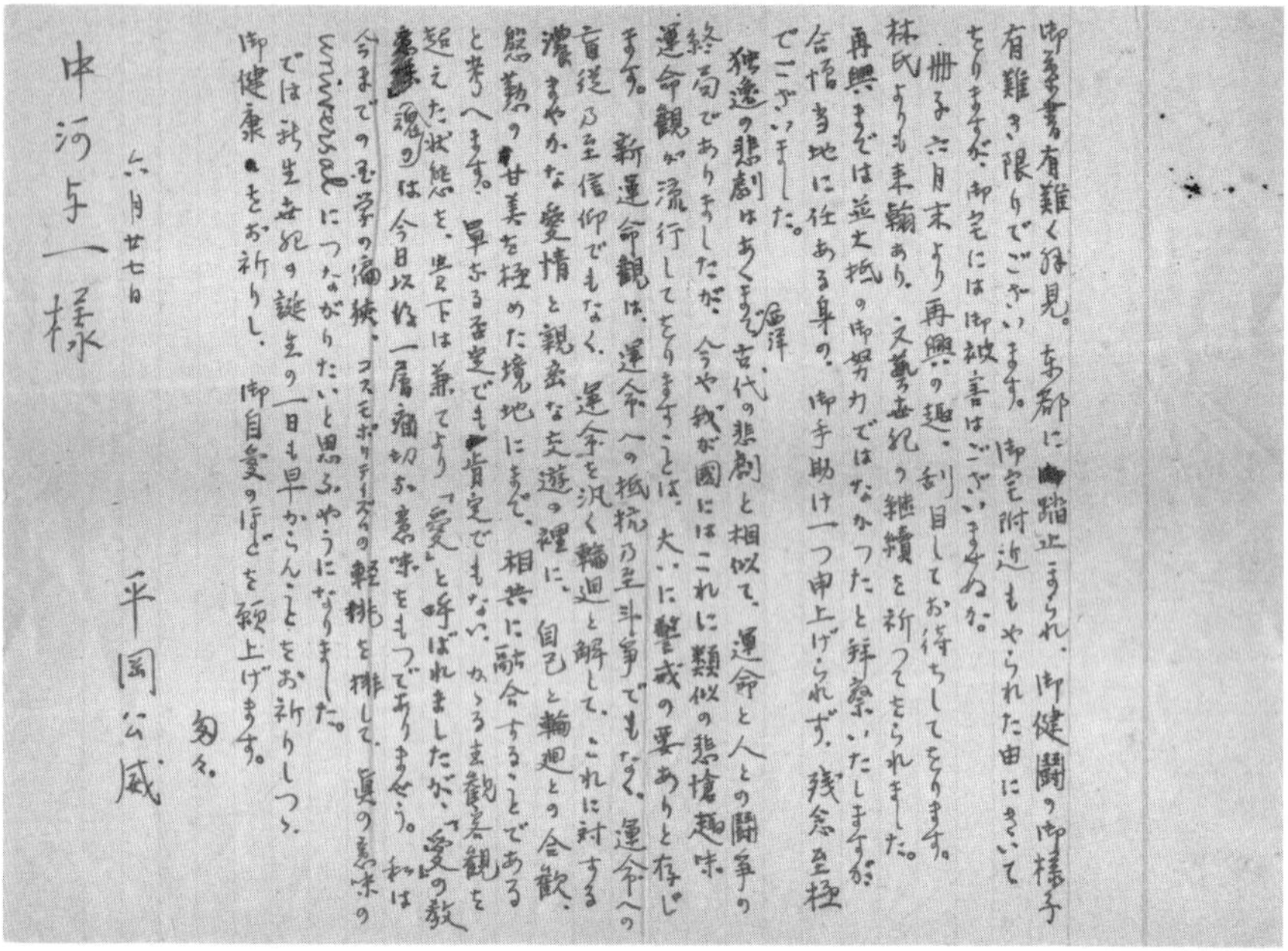

御葉書有難く拝見。東都に踏止まられ、御健闘の御様子
有難き限りでございます。御宅附近もやられた由にきいて
をりますが、御宅には御被害はございませんでしたな
冊子六月末より再興の趣、刮目してお待ちしてをります。
林氏よりも来翰あり、文藝文化の継續を祈つてをられました。
再興までは並大抵の御努力ではなかつたと拝察いたしますが
生憎当地に任ある身の、御手助け一つ申上げられず、残念至極
でございました。
独逸の悲劇はあくまで西洋古代の悲劇と相似て、運命と人との闘争の
終局でありましたが、今や我が國にはこれに類似の悲愴趣味
運命観が流行してをりますことは、大いに警戒の要ありと存じ
ます。新運命観は、運命への抵抗乃至斗争でもなく、運命への
盲従乃至信仰でもなく、運命を汎く輪廻と解して、これに対する
濃まやかな愛情と親密な交遊の裡に、自己と輪廻との合歓、
怨慕の甘美を極めた境地にまで、相共に融合することである
と考へます。単なる否定でも肯定でもない、かかる主観客観を
超えた状態を、貴下は兼てより「愛」と呼ばれましたが、「愛」の教
義は今日以後一層痛切な意味をもつてありませう。私は
今までの文学の偏狭、コスモポリティズムの軽佻を排して、眞の意味の
universal につながりたいと思ふやうになりました。
では新生文化の誕生の一日も早からんことをお祈りしつつ、
御健康をお祈りし、御自愛のほどを願上げます。
匆々
六月廿七日　平岡公威
中河与一様

写真12ｃ　中河与一宛三島由紀夫書簡　昭和20年６月27日

## 三島由紀夫と手塚治虫

三島由紀夫は「かつて颯爽たる『鉄腕アトム』を創造した手塚治虫も、『火の鳥』では日教組の御用漫画家になり果て」[16]と評しているが、実は「火の鳥」と「豊饒の海」の主題は、とても近いところにあったと思われる。

全13巻の手塚治虫の「火の鳥」には収録されていないが、昭和46年11月号の月刊誌ＣＯＭ（写真13ａ、ｂ、ｃ）には、演劇の幕間の休憩のような「火の鳥・休憩 intermission」[17]という6ページの短い作品が掲載されている。この作品には「またはなぜ門や柿の木の記憶が宇宙エネルギーの進化と関係あるか」という副題がついている。この作品は、手塚治虫の夢の話から始まる。手塚の夢体験は「春の雪」の松枝清顕の夢日記を想起させる。そして、「ぼくはある時　ものの本で生れる前の思い出を知っている少女の話をよみました　知るはずのない外国語もしゃべり　まるで別人の名をなのり　その人の家まで案内したそうです　ぼくは霊魂不滅説そのものは信じませんが霊のようなものはたしかにあって……」とある。

これは「暁の寺」のジン・ジャン（月光姫）そのものと思われる。１９４１年（昭和16）、47歳になった本多繁邦はタイを訪れ、自ら勲の生まれ変わりだと主張するタイ王室の幼いジン・ジャンに会う。彼女は本来知るはずのない清顕や勲についての記憶を持っていた。

手塚は「いや……霊ということばがおかしいのかもしれないなにか人間の想像できないエネルギーが生き物という有機物質にだけ吸収されて―」と話は「宇宙エネルギー」に移行する。手塚

写真13b

写真13a

の「宇宙エネルギー」は三島の「無数の小輪廻」と同等のものが考えられる。

手塚は「生きものは死ねばそのエネルギーは離れて　また空中に散らばる　あたらしい個体がうまれればまた吸収される　そのとき　まえの生きものの肉体に大きな影響をうけていれば……それが　夢や現実に　ナゾの思い出としてあらわれるのじゃないかと考えました（中略）

この銀河系宇宙が　いや　大宇宙が創造されたときその大きなエネルギーは宇宙に充満し……

ちょうど原始宇宙核がくだけとんで一つ一つの星になったようにエネルギーも……

無数のエネルギーのかたまりにわかれました（中略）

もちろんそれはぼくたちの考えているエネルギーとはとほうもなくちがうものかもしれない　しかしそれは宇宙がつづくかぎりなくならず生命とはこの宇宙エネルギーのほんの一しゅんのかりの姿なのだろうか

ながいながい進化をつづけているのかもしれない

ぼくは火の鳥の姿をかりて宇宙エネルギーについて気ままな空想をえがいてみたいのです」と記している。

手塚は宇宙エネルギーを表すのに「なぜ鳥の姿をさせたかというと、ストラビンスキーの火の鳥の精がなんとなく神秘的で宇宙的だったからです」と記している。三島が輪廻の詩に「夜告げ鳥」を使用したことにはどのような思惑があったのだろう。

手塚が最後に書いた「この『火の鳥』の結末は　ぼくが死ぬとき　はじめて発表しようと思っています」（写真13ｃ）の一文は、自決の日を「豊饒の海」完成の日と合致させた三島由紀夫を意識

写真13c　火の鳥・休憩　intermission

したものであると考えられる。

さらに手塚は昭和46年の「虫通信[18]」に、日本ヘラルド映画で「千夜一夜物語」を企画した時、三島にこの映画の構成への協力を依頼し断られたことを記している。

「三島さんが電話口に出たので、初対面の挨拶とともに用件を話しますと、

『あー、それならおことわりですね』と冷たい返事が返ってきました。

『いや、これは決してご負担のかかるようなものではなく、作品に目を通していただければいいんです』

『手塚さん、私はね、映画は私の作ったものか、私の気にいったものしか協力しないのですよ』

『すると、この企画は……』

『ええ、せっかくだが、私、気がむきません。さよなら』

そして電話は切れました」

昭和45年には映画「クレオパトラ」に声の出演を依頼しようとして

「あきらめずに何度も電話しましたが、その都度、寝ているか留守で、ついに一度も声がきけませんでした。あとから思えば、『豊饒の海』のラストの追いこみにかかって、手がはなせなかったのかもしれません。あるいは、彼の来るべき計画に、まんが映画の出演など、それどころではなかったのかもしれません。（中略）ただ、ぼくとは根本的になにかが違っていました。彼は死をも、自己表現の手段として肯定しましたが、ぼくは、どんなことをしても死だけは拒否したい。『火の鳥』は死を高尚なものとして描いていますが、それは生をうきぼりにするためのアンチテー

写真14ｂ

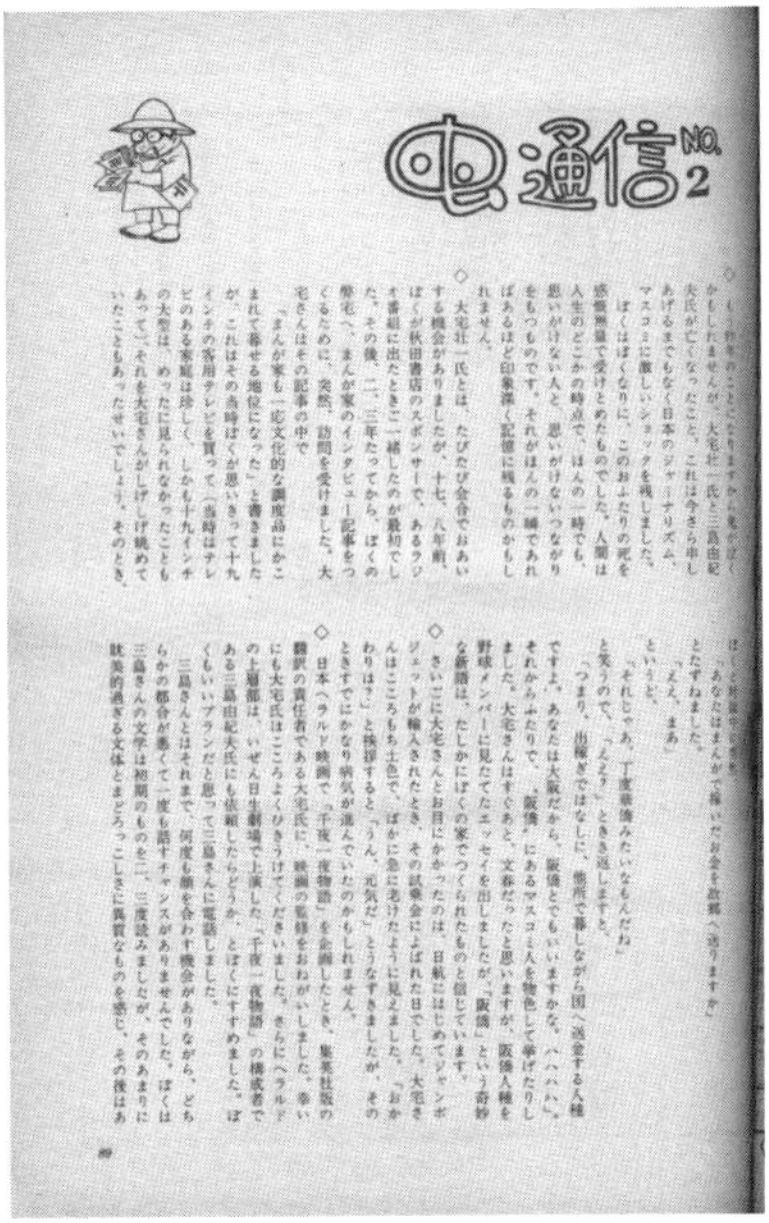

かもしれませんが、大宅壮一氏と三島由紀夫氏が亡くなったこと。これは今さら申しあげるまでもなく日本のジャーナリズム、マスコミに激しいショックを残しました。

ぼくはぼくなりに、このおふたりの死を感慨無量で受けとめたものでした。人間は人生のどこかの時点で、ほんの一時でも、思いがけない人と、思いがけないつながりをもつものです。それがほんの一瞬であればあるほど印象深く記憶に残るものかもしれません。

◇大宅壮一氏とは、たびたび会合でおあいする機会がありましたが、十七、八年前、ぼくが秋田書店のスポンサーで、あるラジオ番組に出たときご一緒したのが最初でした。その後、二、三年たってから、ぼくの[illegible]宅へ、まんが家のインタビュー記事をつくるために、突然、訪問を受けました。大宅さんはその記事の中で

「まんが家も一応文化的な調度品にかこまれて暮せる地位になった」と書きましたが、これはその当時ぼくが思いきって十九インチの客用テレビを買って（当時はテレビのある家庭は珍しく、しかも十九インチの大型は、めったに見られなかったこともあって）、それを大宅さんがしげしげ眺めていたこともあったせいでしょう。そのとき、

「あなたはまんがで稼いだお金を故郷へ送りますか」とたずねました。

「ええ、まあ」

というと、

「それじゃあ、丁度華僑みたいなもんだね」と笑うので、「んえ？」とききかえしますと、

「つまり、出稼ぎではなしに、他所で暮しながら国へ送金する人種ですよ。あなたは大阪だから、阪僑とでもいいますかな。ハハハ」。それからふたりで、〝阪僑〟にあるマスコミ人を物色して挙げたりしました。大宅さんはすぐあと、文春だったと思いますが、阪僑人種を野球メンバーに見たてたエッセイを出しましたが、「阪僑」という奇妙な新語は、たしかにぼくの家でつくられたものと信じています。

◇さいごに大宅さんとお目にかかったのは、日航にはじめてジャンボジェットが輸入されたとき、その試乗会によばれた日でした。大宅さんはこころもち土色で、ばかに急に老けたように見えました。「おかわりは？」と挨拶すると「うん、元気だ」とうなずきましたが、そのときすでにかなり病気が進んでいたのかもしれません。

◇日本ヘラルド映画で「千夜一夜物語」を企画したとき、集英社版の翻訳の責任者である大宅氏に、映画の監修をおねがいしました。幸いにも大宅氏はこころよくひきうけてくださいました。さらにヘラルドの上層部は、いぜん日生劇場で上演した「千夜一夜物語」の構成者である三島由紀夫氏にも依頼したらどうか、とぼくにすすめました。ぼくもいいプランだと思って三島さんに電話しました。

三島さんとはそれまで、何度も顔を合わす機会がありながら、どちらかの都合が悪くて一度も話すチャンスがありませんでした。ぼくは三島さんの文学は初期のものを二、三度読みましたが、そのあまりに耽美的過ぎる文体とまどろっこしさに異質なものを感じ、その後はあ

写真14ａ

ぜなのです」と記している。

「豊饒の海」と「火の鳥」で共に輪廻をテーマに置きながら、事件の責任をとって自決した三島と、自決を認めず「日本の諺に『お詫びのために腹切って死ぬ』ということがありますが　あんなムセキニンなことばはないとおもう　なぜ　生きて責任をとろうとしないんだろう」（写真14ａ、ｂ）と主張する手塚とでは、死生観が全く異なっていた。

## 森田必勝の死生観

昭和45年11月25日、三島事件において、三島の自決に続いて森田必勝が自決した。森田必勝はなぜ死んだか。その理由を三島は、「森田必勝の自刃は、自ら進んで、楯の会全会員及び現下日本の憂国の志を抱く青年層を代表して、身自ら範を垂れて、青年の心意気を示さんとする[19]」ものと説明している。三島がこのように記している以上、これにすぐる解釈はないであろう。そして「鬼神を哭かしむる凜烈の行為である[19]」と評し、「三島はともあれ、森田の精神を後世に向って恢弘せよ[19]」と小賀正義らに命令した。ここで注目すべきことは、三島が森田の自刃を評したことである。森田には三島を介錯する任務があり、森田の自刃は三島の自刃の後に行われる。従って、三島は森田の自刃を確認することはできない。最も厳格な文学者であった三島が、未来の事象を評したことで、三島は森田の自刃に絶対的な確信を抱いていたことになる。

楯の会会員の証言によれば、森田は「ここまで来て三島が何もしなければ俺が三島をやる」と言ったという。この言葉には、直接的行為だけでなく、森田が自刃することで三島にも自刃を要求するという、間接的行為も含まれると考えられる。三島の自刃は、

「隊長としての責任上当然のこと」と自ら選択した自刃であったが、森田の自刃を確信したことが三島を自刃に導いたとも考えることができるのである。三島は、かつて「覚悟のない私に覚悟を固めさせ、勇気のない私に勇気を与へるものがあれば、それは多分、私に対する青年の側からの教育の力であろう[20]」と記したことがあった。

裁判記録「三島由紀夫事件」の第六回公判の「古賀、小賀両被告の検察官調書の朗読」に、昭和45年11月3日、三島事件に参加した5人は、「六本木のアマンド（喫茶店）で会い、サウナ・ミスティで檄文と要求項目の原案を見せられた。このとき先生から『全員自決するつもりだったが、小賀、小川、古賀の三人は生きて人質を護衛せよ』といわれた。先生は『死ぬことはやさしく、生きることはむずかしい。これに堪えなければならない』といわれた。森田さんは『生きても死んでも一緒。またどこかで会えるんだ』といってくれた」と記している。森田が言った死んでも「またどこかで会える[21]」とする「どこか」はどこであろうかと考えた。

第十五回公判の弁護士の質問に古賀は「森田さんは『生残っても死んでも、あの世で魂はひとつになるんだ』と言っていた」とあり、死後に「あの世」があるとする考えを示している。これは「幽顕一貫」や、本多が「暁の寺」の中で語る認識と一致しており、森田に対する三島の側からの教育の力であろうと考えられた。

## 小説とは何か

三島は当時連載中の「小説とは何か」で、「暁の寺」の脱稿の時のことを記している。

「つい数日前、私はここ五年ほど継続中の長編『豊饒の海』の第三巻『暁の寺』を脱稿した。これで全巻を終ったわけではなく、さらに難物の最終巻を控えているが、一区切がついて、いわば行軍の小休止と謂ったところだ。路ばたの草むらに足を投げ出して、煙草を一服、水筒の水で口を湿らしているところを想像してもらえばよい。人から見れば、いかにも快い休息と見えるであろう。しかし、私は実に実に不快だったのである[22]」とある。「実に実に実に不快だった」と「実に」を三度も重ねて形容することは奇異な感じがした。

「暁の寺」の執筆分量は月刊「新潮」で最小が昭和43年12月号連載第4回目の3ページであった。9ページ以下の回が7回で、10ページ以上16ページ以下の回が12回であった。第20回（最終回）は連載20回中最大で、第42章から第45章まで30ページであった。三島は「私はこの第三巻の終結部が嵐のように襲って来たとき、ほとんど信じることができなかった」と表現している。

三島が「私は実に実に不快だった」と「小説とは何か」に書いたのは昭和45年2月頃で「暁の寺」の最終回が完成して数日後のことである。「暁の寺」の最終回には「彼の本当に本当に見たいものは[23]」とある。「本当に」を二度も重ねて形容した箇所があり、三島はこれと呼応するように「実に実に不快だった」と書いたのではないだろうか。そこには「今にして明らかなことは、本多の欲望がのぞむ最終のもの、彼の本当に本当に本当に見たいものは、彼のいない世界にしか存在しない、ということだった。真に見たいものを見るためには、死ななければならないのである[23]」と記されている。三島は「覗く者が、いつか、覗くという行為の根源の抹殺によってしか、光明に触れえぬことを認識したとき、それは、覗く者が死ぬことである[23]」と説明している。
「豊饒の海」は読者に対する三島由紀夫の文学的遺書であろう。その内容には、難解な箇所がいくつもある。そういう時は、解説書である「いま読む！名著　三島由紀夫『豊饒の海』を読み直す」を参考にして読み返して頂きたい。そうすれば三島由紀夫の死の謎を解く鍵が見つかるかもしれない。

（三島由紀夫研究家）

註
1　井上隆史：豊饒の海を読み直す、現代書館、２０１８
2　川戸志津夫：三島隊長への手紙、決定版三島由紀夫全集第29巻、新潮社、２００３
3　三島由紀夫：壮麗なる〝虚構〟の展開、朝日ジャーナル、朝日新聞社、１９６９
4　三島由紀夫：砂漠の住民への論理的弔辞、討論　三島由紀夫ＶＳ東大全共闘、新潮社、１９６９
5　薬師寺章明：三島由紀夫未発表資料「黒島の王の物語の一場面」と「饗宴魔」、昭和文学研究、笠間書院、１９８４
6　嶋田直哉：三島由紀夫「夜告げ鳥」の成立、立教大学大学院日本文学論叢、２００２
7　杉山欣也：「三島由紀夫」の誕生、翰林書房、２００８
8　東原武文：三島由紀夫の稀覯雑誌「故園」と「しりうす」、初版本、人魚書房、２００７
9　編集後記、しりうす二号、刊行年不明
10　林富士馬：編輯私記、回覧学芸冊子曼荼羅創刊号、曼荼羅発行所、１９４４
11　小島千加子：ある晴れた日に、三島由紀夫と壇一雄、構想社、１９８９
12　中尾努：ＶＩＫＩＮＧ（六）、ＶＩＫＩＮＧ６９３号、ＶＩＫＩＮＧ　ＣＬＵＢ、２００８
13　三島由紀夫：暁の寺、新潮第66巻第5号、新潮社、１９６９
14　三島由紀夫：夜告げ鳥、しりうす二号、刊行年不明
15　三島由紀夫：二千六百五年に於ける詩論、決定版三島由紀夫全集36巻、新潮社、２００３
16　三島由紀夫：劇画における若者論、サンデー毎日、毎日新聞社、１９７０
17　手塚治虫：火の鳥・休憩 intermission、ＣＯＭ、虫プロ商事ＫＫ、１９７１
18　手塚治虫：虫通信№2、ＣＯＭ、虫プロ商事ＫＫ、１９７１
19　三島由紀夫：小賀正義宛命令書、三島由紀夫の死、朝日ソノラマ、１９７０
20　三島由紀夫：青年について、論争ジャーナル、育誠社、１９６７
21　伊達宗克：裁判記録「三島由紀夫事件」、講談社、１９７２
22　三島由紀夫：小説とは何か、波、新潮社、１９７０
23　三島由紀夫：暁の寺、新潮第67巻第4号、新潮社、１９７０

印象記

# 三島由紀夫文学館「レイクサロン」

工藤正義

猪瀬直樹氏

二〇一八年一〇月二一日、第十四回レイクサロンが三島由紀夫文学館で開かれた。

講師は作家・元東京都知事の猪瀬直樹氏である。猪瀬氏は『ペルソナ　三島由紀夫伝』（文藝春秋　一九九五年十一月）を出版している。この本は官僚一家である平岡家にまつわる秘話を綿密な取材で解明し、あらゆる角度から三島由紀夫の本質に迫る野心的な評伝である。

猪瀬氏の講演は三島に関連した数々の映像をプロジェクターで映しながら、本人が適宜解説を加えるという方法で行われた。「仮面の告白」を執筆した渋谷区松濤の空き家、熊本新開大神宮、市ヶ谷駐屯地の総監室など、貴重な映像がスクリーンに映し出された。これらの中から、とくに印象に残った映像をひとつ選ぶことにした。それは樺太神社に建立されることになった祖父平岡定太郎の銅像の前で、記念撮影をしている平岡家の家族写真である。この写真は平岡家の複雑に絡み合った糸のような家族関係を暗示している。前列左から三人目が祖父定太郎、公威（三島）、祖母夏子、母倭文重が映っている。五歳の三島が母のすぐ隣に映っていないのがどう見ても不自然である。

樺太庁長官だった定太郎は疑獄事件で失脚し、莫大な借金を背負うことになった。このことが三島の人生に暗い不吉な影を落とした。そしてそれは幼い三島の頭上を覆い尽くすことになった。

祖母は生後間もない三島を二階で育てるのは危険だという口実のもとに、母から奪い取った。三島は祖母の厳しい監視の下で偏愛されて育った。その背景には平岡家の男に失望させられた祖母の怒りにも似たやり場のない感情があった。祖母はヒステリー気質で座骨神経を患い、振舞いは横暴で、目にあまるものがあった。三島が少しでも母に甘えるしぐさをしたり、祖母よりも先に母の呼び名を言ったりすると、機嫌を損ねた祖母が母に辛くあたるのである。すぐ目の前で最愛の母が叱られることに、幼い三島の胸は切り裂かれるようだった。

三島はこうした不合理な世界から、母を護るために、自分に蓋をして、本音を隠し、祖母の機嫌を取り続けた。

猪瀬氏は言った。このような家庭環境が三島に「仮面」をつけさせた。この指摘は正鵠を得ている。しかも三島が夢想癖の強い少年になったのも、祖母との理不尽な生活が深くかかわっている。そして三島文学の源泉は間違いなく、この幼少年期にあった。

講演が終わり、休憩をはさんで、フリートークが行われた。参加者から投げかけられた質問を猪瀬氏がどう受け止め、どう投げ返すのか、興味はつきなかった。さまざまな質問と応答が会場の空気を熱くし、時間はあっという間に過ぎた。

夢想と現実の相克を描いた三島文学は今も言葉では語りつくすことのでない世界に満ちている。　（三島由紀夫文学館顧問）

印象記

# 猪瀬直樹氏の講演
# 「『ペルソナ　三島由紀夫伝』で描きたかった三島由紀夫の素顔」を聴いて

坂田達紀

平成三十年十月二十一日、木々が色づき始めた山中湖村は、前日の雷雨が嘘のように美しく晴れ渡り、白雪を戴いた富士が手を伸ばせば触れるほどの近さにその雄大な姿を現していた。

　午後一時三十分、超満員に膨れあがった会場（徳富蘇峰館視聴覚室）に美しい婚約者・蜷川有紀氏を伴って入ってこられた猪瀬直樹氏には、独特の眩いばかりのオーラが漂っていた。やはり一千三百万都民のリーダーを務めた人は違うな、などと私は漠然と考えていた。

　講演は、かつてNHKで放映されたETV特集「三島由紀夫伝説」の未編集映像を映し出しながら、これに猪瀬氏が解説を加えるというかたちで進められた。その内容は、三島由紀夫の家系を祖父・平岡定太郎まで三代辿り、日本の官僚機構との関連において、作家・三島由紀夫の誕生から自決に至る彼の生涯の一側面を浮かび上がらせようとするものであった。それはいわば三島に流れる「血」、官僚一族に出自する彼の宿命を、日本の近現代という時代性の中で解き明かそうとする試みであったと言い換えられよう。もちろん、より詳しくは猪瀬氏の著書『ペルソナ　三島由紀夫伝』に述べられているのだが、映像があることによって、そして、猪瀬氏が肉声で語ることによって、説得力が増し、我々聴衆の理解が深まったことは言うまでもない。こうして約二時間講演は続き、小休憩を挟んで質疑応答へと移ったのであるが、午後四時半過ぎの閉会まで、会場には熱気が満ち溢れていた。

　今回の猪瀬氏の講演を聴いて、改めて感心したことが大きく二つある。ひとつは、その発想力・構想力が如何に卓抜したものであり、また透徹したものであるか、ということである。三島の生涯を考える際、父・平岡梓のみならず、祖父にまで家系を遡り、それと近代日本の官僚制を対置して捉えようとすることなど、常人には到底及ばない発想であり構想である。猪瀬氏は、今回の講演の初めに、〈私の時間〉だけでは世界は描けない、〈私の時間〉を包含する〈公の時間〉が背景になければならない、ということを述べられたが、それはいわば時代精神を見通すことの重要性を指摘されたのであろう。猪瀬氏の発想および構想の大本には、こうした時代精神を洞察しようとする姿勢があるのである。そして、もうひとつ感心したことは、徹底した実証主義の態度である。発想・構想がどれほどユニークなものであれ、それを実証しなければ単なる空論・妄想に終わってしまう。しかし、猪瀬氏は、文献・資料の渉猟に止まらず、三島ゆかりの場所に実際に足を運び、関係者に直に話を聞くという作業を積み重ねてこられた。その実証主義精神の徹底ぶりは、あたかも三島由紀夫その人を蘇らせようとする執念のようにも思えるほどである。私は猪瀬氏の謦咳に接して、三島の「バルザックは毎日十八時間小説を書いた。（中略）このコツ〱とたゆみない努力の出来る事が小説家としての第一条件であり、この努力の必要な事に於ては芸術家も実業家も政治家もかはりないと思ふ。なまけものはどこに行つても駄目なのである。」(「作家を志す人々の為に」)との戒めを思い起こすとともに、猪瀬氏に漂うオーラの由って来たるところが、東京都知事の経歴にあるのではなく、その姿勢・態度にあることを合点した。

なお、右のように述べたからといって、猪瀬氏は厳めしい堅物というのでは決してない。猪瀬氏は、遠方から講演を聴きに来た人の為にと、署名入りの御著書を数冊用意してこられていた。猪瀬氏はこうした優しさ・思いやりをも併せ持った人であることを附言しておく。(かく言う私もそのうちの一冊を頂戴した。ここに記して御礼を申し上げる。)

ともかくも、今回の猪瀬直樹氏の講演は、我々聴衆に多くの知的刺激を与える、平成最後のレイクサロンに相応しいものであった。

(四天王寺大学教授)

## ミシマ万華鏡

佐藤秀明

知らないままでいたら、ずっと誤解していたにちがいない、と思うことがままある。もしかすると、そうやって生きてきたのかもしれない。危ないものである。

『仮面の告白』に、勤労動員で行った高座の海軍工廠のことが書かれている。そこに台湾から来た少年たちが作るチャーハンの話がある。「すばしこい一人が厨当番の目をかすめてさらつて来た米と野菜は、たつぷり注がれた機械油でいためられて焙飯になつた」というのだ。

仲良くなった「私」に彼らは振る舞ってくれたが、「歯車の味がしさうなこの御馳走を私は辞退した」とある。胃の弱かった三島には、とうていこの「御馳走」は耐えられなかったはずである。

平岡梓の『倅・三島由紀夫』にも似たような記述があるから、これは実話であろう。三島は、この少年たちへの差別的な扱いに憤っていたという。

「神奈川新聞」の二〇一八年十月十日の記事に、ちょっと驚かされた。高座工廠についての記事である。台湾には「台湾高座会」という同窓組織があり、日本にも「高座日台交流の会」があるそうだ。私が以前いた大学の理事長の奥さんは、ここの工場長の娘で、三島を見知っていたと聞いたことがある。「高座」は歴史ではなく、まだ思い出の一齣なのである。

台湾高座会の張来発氏(87)は、『仮面の告白』の文章に笑ってこう言ったという。「三島さんは知らなかったんだろう。植物油の機械油もあったんだ。だから、食べることができたんだよ」。

なるほど、そういうことか、と思った。

書評

## 松本　徹著『三島由紀夫の思想』

### もうひとりの三島由紀夫へ

富岡幸一郎

三島由紀夫のあの苛烈な自裁からまもなく五十年、半世紀の時が過ぎようとしている。三島という作家もその小説を読んだこともなかった筆者は当時中学一年であったが、その死によって「三島由紀夫」という文学者と出会った。当時、吉本隆明が同世代のこの作家の死に際して述べた言葉は、今も強く脳裡にある。《青年たちのうけたであろうこの衝撃の質を、あざ嗤うものはかならず罰せられるような気がする。そして、この衝撃の質は、イデオロギーに関係ないはずである》

　三島自決の三年後、一九七三年十二月に最初の浩瀚な『三島由紀夫論　失墜を拒んだイカロス』を上梓した松本徹は、この「衝撃の質」をおそらくは原点として、以後半世紀にわたって三島とその文学を語り続けてきた。本書に附された「三島由紀夫関連著書目録」を見ればあきらかだろう。単著八冊、編著六冊、そしてこの『三島由紀夫研究』という画期的な研究誌がある。注目すべきはしかし、その三島論の分量だけではなく一貫性である。最初の単行本の「あとがき」で松本氏はこう記している。

　《三島由紀夫を文学者として見る――、これほど当然なことはないが、その死にこだわる気持ちが強ければ強いほど、この自明すぎる態度を貫いてみることが、最も必要であろう》。

　「この自明すぎる態度を貫いてみること」が、如何に困難で大変な意思力を必要とすることか。逆にいえば、それほど三島の死の「衝撃の質」は深く、秘められているのだ。七三年の三島論（磯田光一はこの本の帯文に「これは三島由紀夫氏の自決以後に出現した最も綿密かつ重厚な三島論である」と記した）の最後を、松本氏はこう締め括っている。

　《三島は、やはり人間として死んではならぬ死を死んだと云はなくてはならないのではなかろうか。殉死や諫死や憤死や敗残の死ならば許されるが、自己完成のための死は、やはり許されるべきものではないであろう。しかし彼は、「美しく輝くことを希」つた太陽（伊東静雄）へと真直に飛込んでゆくより他途を持たない。堕落を拒みとほしたイカロスだった。そしてそこに三島の誠実のすべてがあつたのは疑ひない》。

　著者の一貫した三島への眼差しは、この「自己完成のための死」に対する否定である。しかし誤解のないようにいえば、それは市ヶ谷の自衛隊で憲法改正を訴えた、その「死」をたとえば政治的なものとして否定することではない。政治と文学を分けて考えるなどという幼稚な態度ではない。三島の文学者としての仕事は素晴しいが、その政治的主張や死に方は愚かしいなどという識者（！）が後を絶たないが、それは三島の文学も死も全く理解しえない人々であろう。

　松本氏は、一九七〇年十一月二十五日の「三島事件」を文字通り衝撃をもって受けとめ、それゆえに「人間として死んではならぬ死」と書き、その文学作品を徹底的に解読することで「そこに三島の誠実のすべてがあつた」と断言しえたのである。

『三島由紀夫の思想』と題された本書の幾多の論稿を貫くのも、「人間として死んではならぬ死を死んだ」三島由紀夫という文学者の、「人間ならぬ何か奇妙に悲しい生物《いきもの》（『仮面の告白』）の命運の正体なのである。そしてそこからあらためて浮かび上ってくるのは、その逆説としかいいようのない文学者としての「誠実」が、日本文学にもたらした豊饒な言葉の世界なのである。

本書の「I その思想」は、三島という稀有な天才がどのような個と時代の交差のプロセスから誕生したかが、あらためて明確にされている。戦争という時代の「死」の相の下で、如何にしてこの天才作家の「言葉」が形成されたのか。そしてその「言葉」は、近代小説という枠をこえてこの国の古典から永い時間を包含し、さらに西洋思想や文学、はたまた仏教の唯識論などの東洋思想にまで拡がりを持っていった、その三島文学の時空が立体的に描き出されている。

「II その小説」では、三島の代表作が詳細に論じられているが、とりわけ「究極の小説『天人五衰』——三島由紀夫最後の企て」という論稿は、自裁を決意した作家がライフワークの最終巻をどのようにして書き進んでいったのかが、スリリングな創作のドキュメントとして現出していて圧倒される。三島の日々の行動と創作ノート、そして『天人五衰』のテキストを正確に組み合わせていくと、《死を決めたうえで「究極の小説」を完成させることと、生命を投げ出して市ヶ谷で訴えることは、間違いなく一つに繋がっていた》ことがパズルを解くように理解できるのである。

《小説を執筆する上で、三島が身を置いた状況ほど、苛烈にして困難なところは考えられない。そこにあって、基本的にはなおも新たな方法的企てを行いながら、ともかく完結へと持って行ったのである》

この究極の「完結」こそ「昭和四十五年十一月二十五日」であり、「人間として死んではならぬ死」を実現させたのである。それはいいかえれば、非在を生きた三島がはじめて存在を獲得した「日」であった。

「IV 焼跡からの二十五年」のなかに、「川端康成　無二の師友」という一篇があるが、ノーベル文学賞を競ったこの二人の関係に、深い洞察が加えられている。川端は若き三島の才能をいち早く見抜き戦後の文壇へのデビューに大きな力となったが、互いにその文学に「深い共感」を持ち続けた両者は、三島の最後の決断、すなわちその自裁をめぐって異様な緊張関係を生む。三島は自らの最期を川端に手紙などを通し事実上告げることをなし、それを察知した川端は全力でその死を阻止しようとしたからである。三島の自決直後に、川端自身が「楯の会に近づき、そのなかにはいり、市ヶ谷の自衛隊へも三島君についてゆくほどでなければならなかつたかと思ふ」と書くほどに、その死を悔んだことの重大さを指摘する。自死を否定し自らの虚無をかかえつつ芸術の業を荷う川端と、芸術と人生を死の一点において一致させようとした三島。著者はこの深く共鳴する文学の魂の決裂の劇の核心部を、川端の作品『抒情歌』と『散りぬるを』に光をあてることで浮きぼりにする。川端が「身に代えても三島に生きていてほしかったのだ」という指摘はきわめて重い響きである。

「究極の小説『天人五衰』——三島由紀夫最後の企て」と、この「川端康成　無二の師友」の二篇の論稿から、筆者は松本徹が思い描くもうひとつの「三島由紀夫」の姿態を感じる。それは本書の最後に収められている「近松と近現代の文学――徳田秋聲から三島由紀夫・富岡多恵子まで」でもいわれている日本の古典を現代作家として稀に見る深度で血肉化した三島の劇的世界――古今集の「仮名序」の「あめつちを動かす」の伝統の継承者として生き続ける三島である。三島がもしあの「自己完成のための死」を選ばず（それは川端の熾烈な思いでもあったろう）、『豊饒の海』を完結させていたならばという大胆な空想へと我々を誘うのである。

（平成三十年九月三十日刊、鼎書房
四二二頁、本体三、八〇〇円）

書評

井上隆史著

# 『「もう一つの日本」を求めて』

アレクサンダー・リン

『豊饒の海』は巨大な四部作である。その全体を読み直そうとする試みは、容易なことではない。井上氏はこの困難な仕事にあえて挑んだ。内容の上で『豊饒の海』に新しい解釈を与えるだけではない。三島が『豊饒の海』という作品と近代日本の裏面とをいかに意図的に結び付けたのかを追究する。そしてそのような書き方と、私たち読者の読み方そのものを、方法論的課題として検討する。氏はそのために、源氏物語、松尾芭蕉から二葉亭四迷、坪内逍遙といった日本文学の作品、バルザックやプルーストなどの西洋文学作品、さらにはポスト構造主義やナラトロジーといった現代文学理論に至るまで、古今東西の文学と理論を広く視野に入れ、『豊饒の海』に挑んでいる。

こう述べると、本書はあまり学問的な知識がない読者には読み難い一冊になってしまいそうに見えるが、そんなことはない。『「もう一つの日本」を求めて』は現代書館の「いま読む！名著」という一般読者向けのシリーズの一冊として刊行されたものであり、氏の議論を辿ってゆくと、一つの赤い糸が見つかる。あえて言えば、それは近代という複雑な時代の現実に取り組む文学作品を貫くもので、意味を生産しもするが崩壊でもする力である「死」という概念に他ならない。

『豊饒の海』が、およそ五十年前の自決の日に結末を迎えたという事実を考えると、特にその最後の作品である『天人五衰』を読む者は、「死」の陰影の下を通らざるを得ない。これは、本書の出発点と言っても良い。なぜ自決したかというと、極右翼主義者か倒錯者か死のフェティッシストだから、という世論的な三島理解がある。それに対してより丁寧で独創的な三島論を求める井上氏は、序章で本書の使命についてこう述べている。「私は右に掲げるような（従来のありふれた―筆者注）解釈とは異なる角度から『豊饒の海』に光をあてることで三島―読者を取り巻く死の呪縛を打ち破り、この作業を通じて、私たちがいまだ充分に認識していない三島文学の真価を探り当ててゆきたいと考えている」（7頁）。そして挑発的にこう続けて、本書のテーゼを訴える。「三島が何よりも求めたのは決して死ではなく、小説『豊饒の海』を完結させることではなかったか」。

本書の構成を見てみよう。氏は『豊饒の海』という四部作を、第1章「『暁の寺』―昭和の鏡、近代の鏡」、第2章「『春の雪』／『奔馬』―崩壊する擬制、ゾルレンとしての虚相」、第3章「『天人五衰』―唯識と天皇」という順に分析する。『暁の寺』から読み始めるのは異例だが、このことによって、『豊饒の海』の連載が始まる昭和四十年という時代が、戦中―戦後という時代の枠組みの中に位置づけられることになる。氏は、昭和四十四年、『暁の寺』の執筆中に行われた東大全共闘との「闘論」も参照しつつ、三島が「同時代を生きつつ書き、書きつつ生きようとしていたことがわかる」（66頁）という。作家の仕事と、人間存在としての作家の生とを重ね合わせるのは、十九世紀のリアリズムにおける理想の姿だったはずだが、氏はこのような見方をあえて三島にもあてはめ、『豊饒の海』について、「「昭和」を生きる一人の作家が、時代に刻印された矛盾や亀裂にリアリストとしての厳しい目を向け、これを自己自身の矛盾として引き受けながら書き上げた小説というべきではないか」（20頁）と指摘するのである。

高度経済成長の下、明るい未来に向かって走り戦争の闇を忘れかけた日本に居ながら不安を感じる三島は、戦前・戦後という歴史的な分け目の矛盾に真っ向から直面していた。戦後日本という共同体が「みずから変革する力を失って」、「「何も起こらぬ」社会に陥ってしまった」と三島が見做していたと氏は考える。そして、「意味という意味を吸い込んでしまうブラックホール」や「根源的な生命力の切断」といった鮮烈な比喩を用い、「その切断という事実は、日本において天皇の死として表象される」（31頁）と、あえて宣告する。「『古今和歌集』や『源氏物語』以来豊かな言語文化を成熟させてきた日本文化は、ひょっとするといまはじめて本当の意味での滅びを経験しつつあるのではないか」（85頁）。氏によれば、こうした「不都合な真実を突き付ける書」（80頁）であるからこそ、三島作品は読みづらくなるのであり、しかしだからこそ、いま『豊饒の海』を読み直さざるを得ないのである。

『春の雪』と『奔馬』を論ずる第2章では、日本文化を脅かすこのような問題を、三島がいかにその文化資源をもって扱ったかということが論じられる。先行文化である初期日本近代文学や日本の伝統文学を参照する時、あえて三島がその「展開を裏返し、あるいはその一歩先の扉を開けようとした」（97頁）という氏の主張は、エリオットが第一世界大戦中に書いた『伝統と個人の才能』を想起させるかも知れない。いくつかの日本文学、文化における重要なモチーフを、三島はアイロニカルに裏返している。例えば『春の雪』の綾倉聡子の剃髪の場面では、与謝野晶子が『みだれ髪』で表した黒髪の色気というモチーフの意味を反転させる。また、森鷗外の『舞姫』と二葉亭四迷の『浮雲』においては恋愛とその挫折という日本近代文学の初発のテーマが描かれ、そこで個人対世界の矛盾、そして個人が「「人生の秘鑰」としての「恋愛」における「想像力」」をもって世界に挑むことの失敗が明らかにされるが、三島は『春の雪』において恋愛小説という既存のジャンルを自分のものにし、鷗外や二葉亭、透谷が直面した限界を超えて「歴史を塗り替えよう」とするのである（105頁）。この「想像力」の概念の延長上には、二葉亭の「小説総論」と坪内逍遙の『小説神髄』で注目された小説の基本的な虚構性、そして『奔馬』に見出される「擬制」という文化構造、社会構造という概念が立ち現れる。だが、そのような構造は、近代という時代において「解体」され、その「無根拠性」が露わにされてしまう（113頁）。

氏はこのようにして、創作活動と当時の現実を結び付けながら三島の問題意識と現実に抵抗するその戦略を丁寧に解釈してゆく。その議論は、草稿研究と歴史研究の双方に基づいている。氏は既に『三島由紀夫幻の遺作を読む　もう一つの『豊饒の海』』（光文社、2010）という画期的論考において、『暁の寺』を書き終えた四十五年春の時点で、当初計画していた本多繁邦の救済といういわゆる「ハッピーエンディング」を三島が拒み、第四巻『天人五衰』のおそろしくニヒリスティックな幕切れが決められたと論じていた。この前著でも本書でも、氏は三島の創作ノートの分析を踏まえて議論を展開しており、それによって未だあまり評価されていない草稿研究の生産性が証明される。その一方で、日本と世界における現代性そのものの意味を追求する氏は、第3章の冒頭で歴史的出来事に目を向け直している。六十年代末の新左翼学生運動の失敗と、それがために失われた革命する力、そして田子の浦港へドロ公害が象徴する戦後日本社会の「解体」。氏はさらに、アウシュヴィッツと広島を「近代という時代」の「臨界点」であり「頂点」と見做しうるというところにまで議論を広げ、こうした状況のなかに『天人五衰』の偽転生者の安永透を置くことを通じて、三島の作品に現れたニヒリズムが単なる個人的なニヒリズムに過ぎないわけでなく、この意味が消えた時代の現実そのものに深く結びつけられている、ということを主張するのである。

このニヒリズムのアポリアに対して、どう立ち向かうか、と氏は問う。その鍵となるものを探ってゆくと、唯識仏教的な全体小説の構想が見出されるという。バルザック型の全体小説とは、「近代化の進展が引き起こすさまざまな矛盾、軋轢に対処し、これを乗り越えるために、新たな価値体系を生み出し、ヴィジョンを提示しようと」するものであった。そこにこそ、「近代という時代において小説が担う役割の核心」があるが、唯識仏教の思想は戦後日本における小説のそのような役割を支える世界観になりうると考えて、三島は『豊饒の海』を書いたと氏は主張する（146―152頁）。私見によれば、三島が創作と当時の現実世界を緊密に結び付けようとしたのも、やはり全体小説的な完成性を求めたが故であろう。それは、第二次世界大戦と六十年代の共産主義的革命の脅威という危機の裏返しとして動機づけられるであろうが、そのような全体小説の方法論と唯識の世界観を三島が結び付けたことを、氏は論証するのである。

死期迫る本多は月修寺の門跡になった聡子を訪問し、清顕のみならずあらゆる記憶が消し去られる「虚無の極北」（182頁）という状態に陥る。この『豊饒の海』の末尾においても、三島が数十ページにもわたって日本古典の色々なモチーフと比喩を否定し裏返してゆくさまを氏は説明し、次のように述べる。それは本書のクライマックスと言ってよい。

「このように三島は『天人五衰』の結末部分において、『源氏物語』、和泉式部、近松、芭蕉や、鷗外など、日本を代表する文芸作品を巧みに取り込むと同時にその意味を覆し、その上でこれを別次元へと跳躍させて、新たな世界を生み出したのだった。その世界に救いはない。すべては虚無に沈み、先述のように日本文化はいまはじめて本当の意味での滅びを経験しつつあるのではないかという思いが、私たちを襲うであろう」(216頁)。

ここで氏が注目するのは、この否定する表象の作動そのものである。

「しかし、それが偽りのない真実を映し出しているのだとすれば、苛酷な真実に圧し潰されることなくこれを描き切った力は、やはりただ事ではない。それは三島一人によって成し遂げられることではない。そこには、三島による様々な解釈や改変を許容する日本の古典文芸の懐の深さがあった。そして、それが別次元に飛翔したことを的確に感受する読者の存在があった。この、先行文芸＝三島＝読者という三者の「共犯」によって、「虚無の極北」という本来であれば表象不可能なものを表象する前代未聞の文芸表現が実現したのである。このとき、古典文芸作品の意味がいったん否定され、同時に新たな世界が生み出されているという意味で、唯識の「同時更互因果」の原理の具現化が認められるであろう」(216頁)。

「同時更互因果」とは、「瞬間ごとに世界が死に絶えることと、瞬間ごとに世界が生み出されることとが同時に成り立つという」唯識の「時空論」である(198頁)。このような形で唯識論的な全体小説の構想が実現し、ニヒリズムの超克が目指されるという氏の議論は、まことに挑発的である。ここで氏は、ボードレールの『悪の華』の「読者へ」の如く、読者を共犯者として引きずり出すことによって、『豊饒の海』の射程を八年前の東日本大震災や今年の天皇生前退位といった出来事にまで拡張している。そして、日本の戦後の歩みとは何であったか、近代とは何であるかということを、現代の私たちの問題として、私たち自身に問い掛けさせるのである。

以上、丁寧に本書の議論を辿ってきたのは、氏が文学と哲学から吸収した資源の幅広さを認めるためではない。参照される多くの観念という「木」を見て、本書の全体を貫くナラティヴの「森」を見ず、という事態に陥るのを防いでおきたかったからである。そうすることによって、「虚無の極北」という危機的事態を、否定する表象の作動によって覆すという解釈の独創性が際立ってくるのではないであろうか。このような解釈と唯識思想の「同時更互因果」の原理とを緊密に結びつけたことは、唯識仏教の本来の意義から外れるが、それが独自のものになるからこそ、本書の最も意味深い貢献が成り立つと主張したい。なぜなら、そうすることによって、冒頭に触れたような三島の「死」の呪縛を通り抜け、あえて「死」そのものを近代性の矛盾を把握する方法とすることが可能になるからだ。

氏は一貫して勇気をもって瞬くことなく、三島が直面し、また体現した恐ろしいニヒリズムと矛盾をじっと見詰め続けている。ここに本書の長所がある。だが、それは短所ともなりうることを最後に指摘しておかねばならない。氏は第3章の『天人五衰』論で、アウシュヴィッツと広島を近代という時代の矛盾の「頂点」として位置づけた。

だが、このように見なしてしまうと、結局のところで宿命論に還元されることになる。この宿命論は三島自身が考えて主張したものであろうか。少なくともその自決に証拠が見つかるかもしれないが、三島の読者は、その大いなる洞察のある世界観と文学観を評価しながらも、そこから批評的な距離を取らなければ、結局同じ宿命論の呪縛に縛られてしまうであろう。換言すれば、三島の全体と神髄を把握しようという巨大な使命を果たそうとするならば、その全体性を形成している宿命論の重力を確認しながら、これを振り切らなければいけない。

もう一つの点を指摘したい。本書に一貫する不可欠な概念というと、自ら革命する力ということである。そういう力は主体に所有されて、その主体を形成するわけである。三島は『豊饒の海』で日本文化を革命するために、その資源と力を汲み上げたことによって、「文化概念としての天皇」の如く自らダイナミックに生き続く「日本」という主体になるわけであろう。しかし、三島をはじめ日本近代文学の数多くの作者は彼らの世界を理解して創作するために、日本文化に限らず、西洋、そして広く海外からも資源を得たであろう。だから日本文化から力を汲み取ろうと読者に勧めるなら、著者自身が行ったように、世界文学、そして哲学と文学理論に開かれていなければならない。そのとき、近代日本を、日本に限られた視点で見るのではなく、近代のあらゆる知的、芸術的な資源を用いて考察できるようになるであろう。それ以上に、近代を把握し直すために充分なことはあるまい。

今、三島没後五十年の時点で、世界に眼を転ずれば、トランプの時代でもある。「もう一つの日本」を求めようとするのなら、「もう一つの世界」をも必然的に求めなければならない。『豊饒の海』の「ハッピーエンディング」を拒んだ三島が、「もう一つの日本」というヴィジョンを提示する使命も果たしはしなかった、ということになると、その深い絶望は怖ろしいニヒリズムに至るほかないのかもしれない。しかしそれは、氏が勇気を持って丁寧に解釈したように、我々にとって実りあるニヒリズムなのである。三島を呪縛した宿命論は彼を引き返しがたいターニング・ポイントに追いこんでしまったとしても、それだからこそ、我々読者は三島と井上氏が提示してくれた挑戦を受け取るべきなのであろう。三島文学を『豊饒の海』のターニング・ポイントにおいて把握するならば、そこで見事に表象された虚無に陥らないようにすることが可能になる上に、作者の洞察を踏まえて、近代文学にとっても近代歴史にとっても比類なきクリティカルパースペクティブが生じるのである。先ずは三島を読み直そう。

（二〇一八年一月、現代書館<br>二三七頁、定価二、二〇〇＋税）

書評

## 山本舜勝著『我が生涯と三島由紀夫』

井上隆史

本書は、三島由紀夫と自衛隊の関係を考えるうえで最重要人物の一人である山本舜勝（大正8〜平成13）が遺した手記の活字化である。三島がはじめて体験入隊したのは昭和四二年四月。その時山本は陸上自衛隊調査学校に勤務していた。調査学校とはMilitary Intelligence School、すなわち諜報・防諜に関する教育、訓練の組織で、昭和四二年暮れに初見した二人は急接近。翌四三年から四四年にかけて、山本は三島が思い描く祖国防衛隊の中核要員（後に「楯の会」の名が与えられる）の訓練を支援、指導することになる。しかし、まもなくその関係は、双曲線のように離れていった。調査学校副校長となったこともあり次第に距離を置く山本に秘して、三島は森田必勝ら楯の会の一部の者とともに先を急ぎ、自衛隊に蹶起を訴える計画を進めてゆくのだ。手記では、この邂逅、蜜月、離反の三年間が自らの生涯とともに回顧されるが、その内容は昭和五三年には完成していた。それが今回、山本舜勝の子息・直勝氏から原稿を託された池孝晃氏（元月刊「PLAYBOY」編集長）と村田登志江氏の尽力により私家版として刊行されるに至ったのである。

こう書くと、事情を知る人は直ちに思うであろう。山本には既に同内容の複数の著作があるではないかと。事実、『三島由紀夫　憂悶の祖国防衛賦』（日本文芸社、昭和55）、『自衛隊「影の部隊」』（講談社、平成13）など山本の本には、本書と重複する箇所が多い。これを照合すれば、手記が既刊書の元原稿であることは、おのずと明らかである。はじめて会った山本に向かい、「もう書くことは捨てました。ノーベル賞なぞには興味がありません」と三島が断言したこと、山本の指導により楯の会のメンバーとともに諜報活動の訓練を行った三島が労務者に変装して姿を現わしたこと、二人の関係が崩れ始めたのち、三島がはっきりした口調で「山本一佐は冷たいですな」と述べたこと……。本書に記されたこれらエピソードは、山本が既に明かしてきたことである。そうであるなら、いったい、いま改めて手記を活字化する意味はどこにあるのか、疑うむきもあろうかと思う。

しかし、本書を通読した私は、後に述べる三つの観点から、刊行をたいへん意義深く感じた。この判断は、既刊の著書では記述の焦点がもっぱら三島に絞られているのに対し、手記は詳細に綴られた山本の生涯の中に二人の濃厚な三年間が埋め込まれる形で構成されていることにも関わっている。

手記に記された山本の経歴は次のようだ。大正八年に豊橋に生まれた山本は、東大国文科卒の教師だった父の転勤に伴い中国・青島で小・中学校時代を過ごす。昭和一四年に陸軍士官学校を卒業すると中国を転戦、その間、陸軍戦車学校、陸軍大学校で学ぶなどの経歴を経て、昭和二〇年三月、陸軍中野学校の研究員兼教官となった。中野学校はスパイ養成組織として設立されたが、戦争末期には陸軍の思惑に翻弄され、にわかに本土決戦におけるゲリラ戦の指導要員の養成や地下組織の編成を図る。だが確たる成果を挙げることなく、混乱の中で終戦を迎えた。戦後、焼跡マーケットで辛うじて生活していた山本は、朝鮮戦争が勃発して警察予備隊が発足すると、これに応募し入隊。以後、情報 intelligence 関連を中心に保安隊、自衛隊に勤務し、米国陸軍の特殊戦学校に留学するなどの体験も重ねた。しかしそれは、かつての敵国に自身の存在理由を委ねる矛盾に満ちた振る舞いでもある。そんなジレンマに囚われるのは愚かしいと開き直る現実主義者も多かろうが、山本はそういうタイプの人間ではなかった。むしろ複雑な葛藤を愚直に抱え込みながらどうすることもできず、しかも人事の関係で後輩の跡を襲う形で自衛隊調査学校の情報教育課長に就任した直後の昭和四二年四月、三島が一人で体験入隊を試みたのである。こうして同年の暮れ、二人ははじめて対面することになる。

　既刊書においては、三島関連文献として世に問うにあたっての編集上の判断からであろう、山本の経歴に関する記述は大幅に削られた。手記にはそれが生《なま》の形で残っているのだが、このことが本書独自の意義を生み出していると私には思われる。これについて、マクロ、メゾ、ミクロの三位相から考えてみることにしよう。

　まずマクロ。つまり巨視的に言えるのは歴史に関することだ。私たちは長らく、戦時における中国との関わりや、帝国陸軍、自衛隊内部の現実から目を背けてきた。直視がはばかられるような近代日本史の実相が、そこに示されているからだ。だが当事者の一人として山本が筆を執るとき、矛盾と混乱の中で引き裂かれた日本の姿が浮かび上がってくる。むしろ、うむを言わせぬ歴史の力が、山本にそう体験させ、こう書かせているようにも思われる。そうだとすれば、体験入隊して山本と出会い、やがて別れゆく三島の生涯にも同じ力が働いており、三島個人の「美学」の表明に過ぎないと批判されることも多い「三島事件」もまた、そうした歴史の具現化の一つではあるまいか。本手記はこういう理解に人を導く。

　次にメゾ。山本による楯の会の訓練に関することだ。それは祖国防衛隊の中核要員となるべき人材の育成であったが、その原点に、かつて共産党八路軍と戦い、中野学校ではゲリラ戦の指導要員の養成などに関わった山本自身の経験があることが本手記から理解される。また山本の青島時代からの親友で、戦時には特務機関に属し、戦後大陸浪人として暗躍した中村幸雄も、楯の会の訓練に具体的に関わっていた。山本は既刊書でこのことに触れなかったわけではないが、詳細な経緯は本手記ではじめて明かされた。これは楯の会という組織の性格の再検討を促す重要な事実である

　最後にミクロ。人間存在の深奥に関することだ。山本が伝えるように、確かに三島は「書くことは捨てました」と言ったが、それは必ずしも断筆や文学に対する絶望を意味しない。現に『豊饒の海』に賭ける思いは絶えることがなかった。だからこの言葉は、職業作家としての世俗的成功では決して満たされることのない心中の憂悶の表明と見るべきである。対する山本も、国家の禄を食む職業軍人としての自身の生について、何かが違うという深い違和感を抱き続けていた。三島と山本の邂逅は、この二つの魂が触れ合って火花が飛び、やがて無に帰す稀有のドラマであり、手記を読む者はその消息を間近に見ることができる。本書に併録された山本の句集からも、魂の響きを聞き取ることができる。こんな読書体験は、既刊書においてはありえなかったのである。

（私家版、二〇一七年一一月）

## 編集後記

現在、文庫本の『豊饒の海』はどのくらい売れているのだろうか。新潮文庫の人に聞いたところでは、『春の雪』は、『金閣寺』『潮騒』『仮面の告白』に次ぐ売り上げだそうだ。もっとも総発行部数は、この三作品とは桁が違い、一〇〇万部に届かない。『奔馬』『暁の寺』『天人五衰』になると、ざっくりと『春の雪』の半分だという。それでも三作とも、三島作品の中でベスト10内に入っているので、それなりに読まれているようだ。『春の雪』の後をどう読み継いでもらうかが課題だろう。今年の四月から七月にかけて、鎌倉文学館で「三島由紀夫『豊饒の海』のススメ」という展覧会が開かれる。「ススメ」は〝完読〟の勧めである。◆特集に六本の論文を寄稿してもらい、さらに舞台「豊饒の海」の演出をしたマックス・ウエブスター氏に、編集委員の井上隆史がインタビューしてくれた。あの長編小説を三時間弱の芝居にした手際には驚いた。また、観ていて楽しかった。◆毎年夏に山中湖で行っていた「こころで聴く三島由紀夫」が昨年で幕を閉じた。宮田慶子氏が国立劇場芸術監督の任期を終えたからである。七回にわたり、アフタートークを掲載できたことは本誌にとってもありがたかった。◆山中湖のレイクサロンのゲストは、『ペルソナ 三島由紀夫伝』の猪瀬直樹氏。気さくな人柄でアイディアに富む氏は、映像に語りを被せる講演で目も楽しませてくれたが、これは活字に起こしにくい。二人の方に印象記を寄せてもらった。◆マックス・ウェブスター氏のほかにフランスからガルサン・トマ氏が、アメリカからアレクサンダー・リン氏が寄稿してくれた。どちらも日本語の原稿である。ガルサン氏の原稿は、東大院生の藤田佑氏がチェックしてくれた。海外からの原稿はとりわけ嬉しい。◆来年二〇二〇年は、三島由紀夫没後五十年である。著作権の保護期間が五十年で切れるのか七十年に延長されるのか、TPPとトランプの登場によるすったもんだの末、結局七十年になった。学生時代に、芥川龍之介の没後五十年で全集が出て買っていたが、あの頃、芥川はすでに文学史上の人だった。さて、三島は……。◆次は、特集「『豊饒の海』の時代」とする予定。

（佐藤秀明）

三島由紀夫研究⑲
# 三島由紀夫・豊饒の海

発　行――令和元年（二〇一九）五月一五日
編　集――松本　徹・佐藤秀明・井上隆史・山中剛史
発行者――加曽利達孝
発行所――鼎　書　房　http://www.kanae-shobo.com
〒132-0031　東京都江戸川区松島二-一七-二
TEL・FAX　〇三-三六五四-一〇六四
印刷所――太平印刷社
製本所――エイワ

ISBN978-4-907282-56-1　C0095